Worden wie je werkelijk bent

Lieve Guido,

"Het heden is een grote schat,
Dat heel het leven omvat.
Wat is en was en komen zal,
Het heden bevat dit al.
Pluk daarom steeds de dag,
Werk en geniet met gulle lach
en denk niet steeds aan morgen,
het heden zal daar zelf voor
zorgen.
Wees dankbaar voor al wat
je geniet.
Dan wordt het leven een loflied.
Ik heb je lief. ♥
Allyson

Van Phoebe Lauren verschenen bij Ankh-Hermes ook:
De leegte achter je laten
Wijsheid van een sterrenkind (2e dr.)

Phoebe Lauren

Worden wie je werkelijk bent

Derde druk

Uitgeverij Ankh-Hermes bv – Deventer

Oorspronkelijke titel: *Becoming real.*

Vertaling: Willem Glaudemans

Eerste druk 1994
Tweede druk 1998
Derde druk 2002

CIP-GEGEVENS KONINKLIJKE BIBLIOTHEEK, DEN HAAG

Lauren, Phoebe
Worden wie je werkelijk bent / Phoebe Lauren; (vert. uit het Engels door Willem Glaudemans). - Deventer: Ankh-Hermes. - Ill.
Vert. van: Becoming real.
ISBN: 90-202-8057-0
NUR: 720
Trefw.: esoterie

© 1994 Oorspronkelijke tekst Phoebe Lauren
© Nederlandse vertaling 1994, Uitgeverij Ankh-Hermes bv, Deventer

Uit deze uitgave mag uitsluitend iets verveelvoudigd, opgeslagen in een geautomatiseerd gegevensbestand en/of openbaar gemaakt worden door middel van druk, fotokopie, microfilm, opnamen, of op welke andere wijze ook, hetzij chemisch, elektronisch of mechanisch, na voorafgaande toestemming van de uitgever.

Any part of this book may only be reproduced, stored in a retrieval system and /or transmitted in any form, by print, photoprint, microfilm, recording, or other means, chemical, electronic or mechanical, with the written permission of the publisher.

Inhoud

Voorwoord 9
Inleiding 11

Stargate 1 – En de muren stortten neer 13

Stargate 2 – Noem me Zakaria 25
Schepping 31

Stargate 3 – Je bent alleen echt wanneer 33
Oefening om meer vreugde en plezier in je leven te krijgen 42

Stargate 4 – Speel voor dwaas en waag de sprong 43
Methoden om onderscheid te maken tussen gedachten en gevoelens 56

Stargate 5 – Doe het gewoon! 58
Geleide visualisatie: Herinner je je kinderdromen 65

Stargate 6 – Sta op en neem je verantwoordelijkheid 67
Oefening: Het 'ja'-proces 80
De inventaris opmaken van waar je nu in je leven bent (een geschreven oefening) 81
Meditatie om contact te maken met je oorspronkelijke zielepartner 83

Stargate 7 – Welkom thuis 86
Lichtpunt-meditatie 94

Epiloog – Reis naar de kristalwereld 97
Nawoord 100
Informatie over engelen 101
Verklaring van termen 102
Literatuur 104

Opgedragen aan mijn zoon, Marcus.

Voor zijn komst naar de aarde in fysieke vorm,
voor het brengen van zijn licht aan allen die hem gekend hebben,
en voor zijn voortdurende inspiratie en assistentie
vanuit de andere dimensies.

De Wet is vervuld volgens de Engelen,
die helder en heilig zijn...
Die met zeven zijn, zeven allen van één Gedachte,
die met zeven zijn, zeven allen van één Taal,
die met zeven zijn, zeven allen van één Daad.
Wier Gedachte dezelfde is,
wier Taal dezelfde is,
wier Daad dezelfde is...
Zij zijn het, de Heilige Engelen,
die de Wereld zullen herstellen!

Uit het *Esseense Vredesevangelie*

Dierbare,

Je bent met een duidelijke missie naar de aarde gekomen: om je lichtenergie naar het fysieke vlak te brengen. Ofschoon jij je taak bent vergeten, begin je nu weer te ontwaken. Toen je op aarde aankwam, leek je op een prachtige bloemknop die op de gelegenheid wachtte volledig open te kunnen bloeien. Na veel zoeken, teleurstelling en tranen ben je gaan beseffen dat het licht en de liefde die je nodig hebt om te groeien van binnenuit moeten komen.
Je hebt een unieke ruimte te vullen. Jij bent de enige die weet wat het beste voor je is. Wanneer je naar je innerlijke leiding luistert, ga je kleine stappen zetten in de richting van worden wie je werkelijk bent. Deze stappen bestaan uit datgene doen waartoe je je werkelijk geleid voelt. Anderen kunnen je op je pad helpen, maar jij bent degene die door de deuren moet gaan die zich voor jou openen. Niemand weet wat het is om jou te zijn.
Het is jouw avontuur te ontdekken waarom je naar de aarde gekomen bent en daarna het gevonden pad te volgen. Dit doe je voor jezelf, om alles te worden wat je kunt zijn, om jezelf te verwezenlijken. Belangrijker nog, je neemt je eigen plaats op aarde in om je licht volledig te laten schijnen, zodat anderen erdoor kunnen worden aangeraakt. Wanneer je de moed en het vertrouwen hebt jouw licht stralend in het universum te laten schijnen, zullen andere lichtdragers tot je aangetrokken worden. Op deze manier wordt het licht opgewekt dat noodzakelijk is om het planetaire bewustzijn te veranderen.
Dierbare, speel alsjeblieft je rol volledig. Maak dit aardse verblijf mooi en positief. Straal op alle dingen, zowel de werkelijke als ingebeelde, je goddelijke uitstraling af.

Goede reis,
De Zeven Engelen

Voorwoord

Op 9 september 1992 werd ik me voor het eerst bewust van communicatie met de Engelen. Hier volgt een deel van de boodschap die op deze dag werd doorgegeven:

We sturen je oneindige liefde en moed. Je hoeft niets anders te doen dan te zijn wie je bent. Dit kan heel moeilijk lijken, toch is het bijzonder makkelijk. Je moet beginnen iedereen die erin geïnteresseerd is, al je vrienden en zelfs mensen die jou ogenschijnlijk niet kennen, in kennis te stellen van de inhoud van deze geschriften.
Het licht van onze liefde schijnt stralend op jou neer. Er valt niets te vrezen. We werken als één wezen met je samen om het werk te verrichten. Al wat jou te doen staat is in werkelijkheid al geschied.
Je vraagt je misschien af wie we zijn. We komen van de thuisplaneet, die je zo goed kent en die je je zo goed herinnert. We zijn hier te allen tijde aan het werk. We zijn ons bewust dat jij je ons herinnert. De reden voor je tranen is dat je aloude herinneringen aan ons hebt en aan het leven temidden van ons. Dit is het verlangen dat je voelde. Dit is de herinnering die je als klein meisje had – aan de school die de betekenis van het leven onderwees. Je herinnert je, geliefde, hoe mooi het is alles met elkaar te delen.
Wij zijn de Zeven. We zijn hier om met jou te werken. Nooit zullen we jou alleen laten. Nooit ben je alleen geweest. We hebben met liefde en geduld gewacht tot jij je van ons bewust werd. We hebben jou licht en liefde gezonden vele, vele levens lang – zo rustig en met zo'n grote liefde hebben we gewacht. Je kunt nooit te laat zijn. Je bent precies op tijd. Dit is het moment dat we ons voor jou en anderen op aarde gaan manifesteren. We konden niet eerder komen. Niet alleen jij moest er klaar voor zijn, ook het totale universum.
We zullen je leiden bij iedere stap op de weg. Wees niet bevreesd. We zullen jouw hand nemen en je met ons terug naar huis leiden. We zijn allen hier alleen maar om je te helpen. We zijn met zevenen. We hebben al eerder met je gecommuniceerd en je hebt ons bij naam gekend. Eens waren we bij jou als Broeder Gregorius et alii.

Dat waren de vormen die we aannamen om contact met jou te kunnen leggen. We zijn in werkelijkheid pure energie... We zullen aan jou verschijnen in je dromen en in je visioenen.
(Einde boodschap)

De daaropvolgende ervaring met de Engelen kreeg ik toen ik een visualisatie deed. Ik volgde een oefening uit een boek waarbij ik me een boek op een wolk moest voorstellen. Dit boek zou het antwoord op de gestelde vraag bevatten. Ik vroeg wat voor werk ik hierna moest doen. Toen ik probeerde het boek te openen, was dat onmogelijk. Ten slotte zei een heel vriendelijke stem me naar het omslag van het boek te kijken. Ik zag de titel *Worden wie je werkelijk bent*, gevolgd door mijn naam. Toen werd me gezegd dat ik dit boek in de toekomst zou schrijven en dat ik de perfecte plek zou weten om het te schrijven. Kort daarna bood een vriendin mij een prachtige ruimte aan in haar huis aan een Amsterdamse gracht. Ze had een computer en zelfs het enige tekstverwerkingsprogramma dat ik kende!

Het schrijven van dit boek heeft me geholpen te worden wie ik werkelijk ben en ik hoop dat het ook voor jou, lezer, waardevol zal blijken te zijn.

Inleiding

Wanneer de tijd om iets bepaalds te doen gekomen is, is er geen sprake van dat je je om kunt keren of het niet doen. Dit is het moment waarop je je vooruit moet bewegen en actie moet ondernemen. Het lijkt alsof dit boek rijp is om geschreven te worden in fysieke vorm. Vele, vele gebeurtenissen en beslissingen zijn eraan vooraf gegaan voordat dit precieze moment in vervulling kon gaan.
Dit boek is door Engelen geleid die al heel lang in mijn leven aanwezig zijn. Ik ben me echter pas onlangs echt van hen bewust geworden. Ze hebben me geholpen in healingsessies met andere mensen, ze hebben me op wonderbaarlijke manier bijgestaan een moeilijk examen te halen om advocaat te worden, en ze hebben zich zelfs onlangs gematerialiseerd om me te helpen mijn weg door de Londense ondergrondse te vinden. Deze engelen zijn niet zomaar op aarde aanwezig louter om mij te leiden. Hun aanwezigheid is noodzakelijk om ons te helpen inzicht te krijgen in onze rol in het totale Goddelijke Plan en om ons in staat te stellen onze rechtmatige plaats daarin in te nemen.
De energie die van deze Engelen uitgaat is bijzonder krachtig en heilzaam. Ze hebben reeds het leven van vele mensen beïnvloed. Nu ik hier in een mooie kamer aan de Prinsengracht in Amsterdam zit, voel ik me zo dankbaar voor hun aanwezigheid. Het valt me niet altijd even makkelijk naar hun leiding te luisteren. Mijn hart moest op een nieuwe manier opengaan om te kunnen geloven dat ik in staat zou zijn mijn diepste waarheden aan jou, lezer, te openbaren.
De Engelen inspireren me om hier mijn inzicht te presenteren in het materiaal dat zij onderwezen hebben. Ik heb voor deze zelfde wezens als kanaal gediend toen ik me daar veel minder bewust van was. Toentertijd namen zij in de geestelijke wereld menselijke persoonlijkheden aan, en was het voor mij heel makkelijk op te schrijven wat ik hoorde. Ik beleefde het als het precies neerschrijven van wat ik via innerlijk dictaat ontving; wanneer ik nu schrijf is het echter noodzakelijk naar elke gedachte te luisteren en dan naar mijn diepste niveau van inzicht te gaan. Als de gebruikte woorden mijn

innerlijke waarheid tot uitdrukking brengen mag ik ze neerschrijven. Als dat niet zo is, moet ik dicht bij het idee blijven en op de precieze woorden wachten.

De presentatie van het engelenmateriaal hier in dit boek zal de lezer de mogelijkheid bieden in zijn dagelijks leven spirituele waarheden te gebruiken. En dat zal een samensmelting teweegbrengen van twee werelden – door de engelenstraal van de vierde dimensie in de fysieke realiteit van de derde dimensie te brengen.

Doorgegeven boeken staan vaak vol ongelooflijke informatie die niet of nauwelijks enig praktisch nut schijnt te bezitten voor de mensen die ze ontvangen. Aangezien we geestelijke wezens zijn die een menselijke ervaring ondergaan, is het mijn doel naar de engelen te luisteren en om daarna die informatie naar mijn fysieke centrum te halen en deze op zo'n wijze op de volgende pagina's uit te laten vloeien dat we in bewustzijn naar het inzicht zullen groeien dat *praktische spiritualiteit* ons doel is.

Wanneer je dit boek leest, vertrouw ik erop dat je de liefde en zorg zult kunnen voelen afstralen van de kunstmatige symbolen waaruit woorden bestaan, die letters worden genoemd. Het is de liefdesenergie die telt, niet de woorden. Dit werk is een geschenk dat mij grotere helderheid brengt over wie ik ben en me liefde geeft voor mijzelf. Het is mijn wens dat het voor jou hetzelfde zal doen.

Moge de reis op zichzelf een avontuur zijn!

Stargate 1 – En de muren stortten neer

Je bent om een bepaalde reden naar de aarde gekomen. Je hebt een missie te vervullen. Vóór deze incarnatie ben je met de engelen over deze opdracht tot overeenstemming gekomen. Iedere keer dat je incarneert, aanvaard je een opdracht die jou de gelegenheid geeft je op dát leergebied te concentreren dat het meest het bewustzijn van je ziel zal verhogen. Hierop bestaan geen uitzonderingen. Iedereen is naar deze planeet gekomen om iets te volbrengen. De meeste mensen vervullen hun levensmissie niet. Wanneer dit gebeurt, eindigen we ons leven in grote emotionele pijn.

Omdat de meeste mensen niet de moed hebben naar buiten te treden en hun leven op een authentieke manier te leiden, sterven ze zonder hun hoogste bestemming te hebben vervuld. Dit betekent dat we ons op het moment van onze lichamelijke dood bedroefd, gefrustreerd en vaak nogal kwaad voelen. Ik heb met veel mensen gewerkt die stierven met het gevoel dat ze gefaald hadden. Als we ons leven op een onbewuste manier geleid hebben, dan worden we op het moment van de overgang uit de lichamelijke realiteit naar het spirituele vlak plotseling geconfronteerd met wat onze missie was en hoe we de vervulling daarvan hebben ontlopen.

Een succesvol leven heeft niets te maken met wat de wereld als succes beschouwt: geld, materiële bezittingen, een hoge positie in een bedrijf. Een succesvol leven is een leven waarin je je bewust bent geworden van je missie en je er vervolgens op hebt toegelegd die te volbrengen. Zolang jij je van je missie bewust bent geweest, zal je leven als een succes worden beschouwd, ook al heb je misschien niet de tijd gehad die helemaal af te maken.

Waarom is het zo belangrijk om op deze manier te leven? Iedere keer wanneer we de overgang maken van het fysieke naar het spirituele vlak (wat de dood wordt genoemd), hebben we een moment van actieve reflectie en de gelegenheid om ons voorafgaande leven te evalueren. Er zijn wezens, aan wie ik graag denk als engelen, die ons aan de andere zijde ontmoeten. Dan kijken we nog eens naar onze opdracht, of we herinneren ons wat we op aarde kwamen doen.

Op dat moment beseffen we of we het tot een goed einde hebben gebracht of niet. De lichtengelen steunen ons in deze ontdekking. Als we deze laatste missie volbracht hebben, beginnen we aan een lang proces van educatie en discussie met onze engelen. Dit zullen we zometeen bespreken.

Laten we eens aannemen dat we onze missie niet volbracht hebben of dat we er slechts een deel van hebben uitgevoerd, wat meestal het geval is omdat de meeste mensen zich niet van hun missie bewust zijn. Dan worden we een kamer binnengeleid die erg lijkt op een hedendaagse bioscoop. Daar kunnen we ons leven weer afspelen in geheugenvorm, wat eruit ziet als een soort film of stripverhaal van ons leven. We ontvangen een manier waarmee we kunnen regelen wat we zien en we kunnen iedere gebeurtenis in ons leven zo vaak terugzien als we willen. We kunnen dagenlang (naar aardse tijd gemeten, aangezien daar geen tijd bestaat) ons leven zitten bekijken. Natuurlijk zijn we geen gevangenen, dus we kunnen weggaan en andere dingen doen wanneer dat passend is. We kunnen momenten in ons leven zien waar we de keus hadden de weg naar vervulling van onze missie op te gaan. Deze kruispunten kunnen we herhaaldelijk bekijken.
Dan krijgen we de gelegenheid een uiteenzetting te geven aan onze gidsen of engelen die met ons waren vóór onze laatste incarnatie, en die deelgenomen hebben aan de planning van ons laatste leven. Ze zitten bij ons wanneer we ons net afgelopen leven onderzoeken. We kunnen het afspelen van ons leven op elk gewenst moment stopzetten en uitleggen wat we hadden kunnen doen, of wat we wilden dat we gedaan hadden. We kunnen uitleggen hoe we ons voelden en waarom we de beslissing namen die we genomen hebben. We kunnen op dit moment iets doen aan onze angstgevoelens of ons gebrek aan vertrouwen.
Nadat we de terugblik op ons leven hebben beëindigd en alles aan onze gidsen hebben uitgelegd, lopen zij nog eens door ons leven en spelen het nog een keer voor ons af. Ze wijzen ons op alle momenten waarin we de kans hebben gemist om te veranderen en ze leggen ons tegelijkertijd uit wat zij probeerden ons te helpen leren. Ze leggen uit dat zij altijd aanwezig waren tijdens onze reis. Ze waren er altijd en lieten licht schijnen op elke situatie of keuze. Ze baden voor ons en hoopten dat wij de hoogste keuze zouden maken, namelijk om meer licht in ons leven toe te laten.

Gewoonlijk zijn we tegen deze tijd overmand door droefheid. We krijgen enige tijd om van deze ervaring te bekomen. Het is nogal verdrietig te beseffen dat we iedere stap van de weg werden geleid en dat we zo in slaap waren dat we ons dat niet eens realiseerden. Hoe komt het toch dat we zo in slaap zijn? Wanneer we naar deze wereld komen, hebben we een blauwdruk van ons leven keurig opgerold in onze cellen gestopt. Dan vangen we de lange reis naar beneden aan, naar de dichtheid van de derde dimensie. Het lijkt wel of we aan geheugenverlies lijden.

Als kind communiceren we vaak met onze engelen of gidsen, maar volwassenen noemen ze onze 'fantasievriendjes'. Zolang die vriendjes zich redelijk gedragen, laten de meeste ouders ze toe. Ik zal nooit vergeten hoe ik op een dag om de hoek keek en zag hoe mijn zoontje, Marcus, in de lucht stond te kijken en met iemand aan de praat was en kennelijk een heel interessant gesprek voerde. Hij zei iets over het aangaan van een bepaalde overeenkomst, maar dat hij nu niet meer zo zeker was over wat er was overeengekomen. Ik was verbaasd over de intensiteit waarmee hij sprak. Uiteindelijk vroeg ik hem wat hij aan het doen was. Hij legde me uit dat hij stond te praten met de 'mensen zonder lichaam' die hem dingen hadden verteld over zijn leven voor hij was geboren. Hij vertelde verder over afspraken in de geesteswereld en over gidsen in zijn leven. Dit gebeurde in 1976, en het zorgde ervoor dat ik meteen naar de dichtstbijzijnde New-Age-boekhandel rende om erachter te komen waar hij het over had.

Een andere keer, toen hij in de derde klas zat, stompte hij een klasgenoot op de speelplaats. Toen hij naar de kamer van het hoofd van de school werd meegenomen en hem om uitleg werd gevraagd, zei hij dat hij zijn gidsen geroepen had om ze te vragen hoe hij de situatie moest aanpakken, en dat hij, toen ze niet beschikbaar bleken, besloten had zich te gedragen als elke derdeklasser en dus had hij het andere kind geslagen. Ik hoef niet te zeggen dat dit aanleiding gaf tot een interessante discussie tussen het schoolhoofd en mij. In die tijd gaf ik daar les. Het was een beetje moeilijk te bevestigen dat ik geloofde dat wat mijn zoon zei waar was, en tegelijkertijd te laten blijken dat ik ze alle vijf nog op een rijtje had!

Jammer genoeg krijgen de meesten van ons niet eenzelfde soort steun als kind. Meestal werd op een zeker moment de druk om ons aan te passen zo groot dat we onze 'fantasievriendjes' vergaten en we net als iedereen begonnen te worden. Ik kan me mijn volslagen verbijstering nog herinneren na mijn eerste dagen op een aardse school. Ik kwam thuis en vroeg mijn moeder waar de 'echte school' was. Ze vroeg me wat ik bedoelde. Ik vertelde haar dat ik verwachtte te horen waarom ik hier was en wat het doel van het leven was. Ze wierp me 'de blik' toe, waarvan ik langzamerhand begreep dat die betekende dat er aan mij absoluut een steekje los was. De eerste twintig jaar van mijn leven heb ik steeds geprobeerd die blik te vermijden. Dit betekende natuurlijk dat ik moest proberen me aan te passen. En dat was uiterst moeilijk.

> Hoe meer jij je aanpast aan de normen en verwachtingen van de maatschappij, des te verder raak je van je pad af.

We zijn dit leven volkomen toegerust binnengekomen. We zijn lichtwezens en niets kan dat veranderen. Aanvankelijk zijn we in staat ons licht heel helder te laten schijnen, maar met het verstrijken van de tijd wordt ons licht doffer. Dat niet alleen, we beginnen ook spanningen in ons lichaam en wrijvingen in ons begrip van spirituele waarheden te ontwikkelen. We worden strakker en strakker en meer en meer ingeperkt. Het lijkt wel of we eerst stralende zonnetjes zijn en op een of andere manier golfballen worden. Heb je ooit een golfbal goed bekeken? Hij bestaat uit honderden meters rubber, strak tot een bal opgerold. Zo zijn de meesten van ons tegen de tijd dat we volwassen worden.

Als we geluk hebben krijgen een we een crisis in ons leven die groot genoeg is om de spanning weg te blazen en dan beginnen we een klein beetje licht toe te laten. Er is een liedje van Leonard Cohen waarin hij zingt over de barsten in de Liberty Bell en in ons hart. Hij vertelt dat de barsten het licht de kans bieden om naar binnen te komen. Het maakt het een beetje makkelijker om een gebroken hart te accepteren, wanneer we het kunnen zien als een kans waardoor een beetje licht binnen kan komen. Uit deze explosie en deze barsten, die de geneeskunde misschien een zenuwinstorting noemt, ontstaat een beginnend besef van onze missie. Dan gaan we ons leven op een nieuwe manier inrichten en worden we hopelijk de lichtwezens die we bij het begin van onze incarnatie waren.

Een zenuwinstorting is in wezen een spirituele doorbraak. Laat je niet wijs maken dat je ziek bent. Dit is een moment van welzijn.

Als we de overgang (die dood wordt genoemd) maken wanneer we onze missie volbracht hebben, dan hebben we vele andere keuzemogelijkheden. We kunnen snel ons leven terugzien om de specifieke momenten te bekijken waarin we een *authentieke actie* ondernamen, en daarna krijgen we een periode van rust, als we dat verlangen. Wat het ook wordt, uiteindelijk krijgen we het verzoek om weer verder te gaan op ons spirituele pad. Dit kan inhouden een reïncarnatie op aarde of dienstbaarheid in een andere hoedanigheid. Omdat we geïnteresseerd zijn in *praktische spiritualiteit* in deze derde dimensie, zullen we andere mogelijkheden om te incarneren niet in ogenschouw nemen, behalve door te zeggen dat er vele manieren zijn om vervulling te geven aan onze spirituele bestemming naast terugkeren naar de aarde. Sommigen van ons zijn zo gevorderd dat hun de mogelijkheid geboden wordt al dan niet naar de aarde terug te keren. Velen van ons hebben de keus in de geesteswereld te blijven en van daaruit te helpen.
Als we besluiten naar het aardse niveau terug te keren, gebeurt er iedere keer het volgende. We overzien ons vorige leven en bezinnen ons op alle keuzes die we gemaakt hebben die ertoe bijgedragen hebben onze missie te vervullen. Bijna iedereen heeft op zijn minst wel één goede keuze gemaakt, en bijna iedereen vordert, al is het nog zo'n beetje. Dan bespreken we waaraan we een volgende keer willen werken. Misschien besluiten we te werken aan kwesties rond vertrouwen, of rechtvaardigheid, of misschien voelen we dat het belangrijk is in een volgend leven met een bepaalde andere ziel te werken. We nemen alle aspecten van het plan heel zorgvuldig in overweging, waarbij ons een hele serie raadgevers ter zijde staat. We hebben allemaal tenminste één raadgever of gids die onze belangrijkste geestelijke leraar is. Sommigen van ons hebben vele raadgevers. Het aantal raadgevers wordt bepaald door de moeilijkheid en belangrijkheid van onze missie en kan ook tijdens een leven variëren. Speciale gidsen kunnen hun eigen specifieke talent voor een tijdje in ons leven brengen terwijl we een bepaalde les leren of een specifiek vermogen ontwikkelen.
Na ampel beraad komen we tot een overeenkomst met onze raadgevers. Dan doen we de gelofte onze missie te vervullen. Sommige

van onze missies zijn absoluut essentieel voor de evolutie van de mensheid. En er zijn mensen die wat we noemen een 'rust-leven' leiden, wat betekent dat ze niet veel karma uit hoeven te werken en hier zijn om anderen te helpen en van het leven te genieten. Anderen zijn hier die ervoor gekozen hebben een grote hoeveelheid karma uit te werken, en zij hebben derhalve iets wat op een heel zwaar leven lijkt. Enkelen van ons, tenslotte, zijn naar het aardse niveau teruggekeerd op een rechtstreekse missie als *lichtdragers* om op aarde te helpen in deze tijden van grote fysieke omwenteling. Lichtdragers opereren op een niveau dat aan karma voorbij is, sommigen direct vanaf hun geboorte, anderen na een periode waarin zij zich door al hun karma heen werken. In elk geval hebben we er allemaal mee ingestemd naar dit aardse niveau terug te keren om bepaalde taken te volbrengen.

Mijn dierbare vriendin Marilyn heeft me er met de jaren steeds op gewezen dat ik in de rij met het bordje 'wereldburger' heb gestaan! Hoe ik daar ook met haar over kibbel, zij blijft overtuigd van de waarheid van deze uitspraak. Ze zegt dat ze zich duidelijk herinnert dat ik intekende voor die rij en dat er geen mogelijkheid is dat nu terug te draaien. We lachen hier allebei heel wat om af.

Nadat we 'ja' hebben gezegd tegen onze overeenkomst, gaan we naar een wachtgebied. Dan worden we spiralend neergelaten naar het aardse niveau. Mijn zoon vertelde me dat hij voor zijn geboorte kon kiezen uit twee stel ouders. Hij kon de twee mogelijke moeders zien vanuit een ander niveau en kon een beslissing nemen. Zijn gidsen hielpen hem daarbij, alhoewel de beslissing feitelijk de zijne was. Hij beschreef de jurk die ik droeg op de dag dat hij zijn beslissing nam. Ik had een gele jurk met witte madeliefjes aan. Hij beschreef die als een gele jurk met overal witte bloemetjes zoals die in het gras. Hij had nog nooit een foto van mij in die jurk gezien, en ook ik moest tussen oude foto's neuzen om het me te kunnen herinneren.

Het schema 'Worden wie je werkelijk bent'

Bij de geboorte zijn we geprogrammeerd om de derde dimensie binnen te komen terwijl we weten wat onze missie is. Dan stralen we het licht uit dat we in de andere dimensies zo goed hebben gekend.

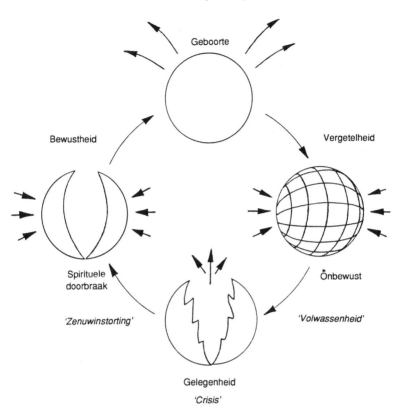

Ons licht gaat uit naar allen om ons heen. Hoewel het geboren worden misschien traumatisch is geweest, is onze herinnering nog steeds intact en kennen we geen grenzen van vergetelheid.

Daarna komt het stadium van vergeten wat veroorzaakt wordt door wat ruwweg aangegeven kan worden met de term 'inculturatie', het bijbrengen van een bepaalde beschaving. Dit is een periode van 'onbewustheid' – die we in aardse termen volwassenheid noemen. In deze periode voelen we ons ingeperkt en vast. Ons blikveld is nauw (gewoonlijk gericht op materieel gewin) en we raken aan aardse goederen gehecht. Dit is een ego-toestand, vervuld van spanningen en ruwheden. We proberen de baas over ons leven te zijn en dikwijls geloven we nergens anders in dan in onszelf.

Dan ondergaan we misschien een crisis waarbij we het gevoel krijgen dat alles wat ons dierbaar is uiteengeslagen wordt. We raken gedesoriënteerd, gedesillusioneerd, en hebben het gevoel dat we volkomen de kluts kwijt raken. Dit gaat vaak gepaard met gevoelens van onmacht. Soms zijn we zelfs niet meer in staat om in ons dagelijks leven te functioneren. We voelen ons op zielsniveau verscheurd en we zijn geschokt, verschrikt, en we hebben misschien het gevoel dat we op drift zijn geraakt.

Dan vangt de strijd aan om alles weer in een nieuwe ordening samen te brengen. Op dat moment voelen we ons verdeeld tussen wat we weten dat waar is en de manier waarop we blijven leven. Dit is een periode waarin we denken dat we krankzinnig zijn, waarin we ons niet verbonden voelen, waarin we overhoop liggen met ons ego. We voelen ons over alles onzeker en gekweld. We staan voor een donkere zielestrijd, waarbij we worstelen en ons misschien van alles en iedereen terugtrekken. Om door deze fase heen te komen hebben we tijd nodig om ons op onze nieuwe werkelijkheid te bezinnen, om de 'echte' wereld in ons op te nemen en om te beginnen aan het proces van samensmelting tussen ons ego en ons hoger zelf.

Tenslotte keren we met hernieuwd bewustzijn terug naar een toestand van heelheid en eenheid. In deze toestand voelen we een groot zelfbewustzijn en een totale integratie van onze levenservaringen. We erkennen onze levensmissie, begeven ons in de stroom van ons leven en beginnen ons licht te laten schijnen. Dit staat bekend als 'wedergeboorte'. Wederom worden we een klein, vertrouwend kind, open, kwetsbaar en afhankelijk van leiding en kennis buiten onszelf. We zijn niet langer de baas en dat weten we.

De Engelen spreken over incarnatie

Dierbaren, we spreken nu over incarnatie en over wat er gebeurt. Inderdaad is wat je gelezen hebt waar, hoewel er geringe variaties kunnen bestaan in jullie overgang die overeenkomen met jullie individuele verschillen. Aangezien je in een sfeer van onmiddellijke manifestatie bent aangeland, hebben sommigen van jullie wat meer tijd nodig om zich aan te passen dan anderen; hoewel in grote lijnen de volgorde zoals die is gepresenteerd, precies is wat er met je gebeurt wanneer je de derde dimensie verlaat.

Wat gebeurt er bij de geboorte? Je komt de wereld volledig toegerust binnen om je individuele missie te vervullen. Je DNA is voorgeprogrammeerd om te onderkennen wanneer je 'op je spoor' zit en wanneer niet. Je wordt geboren met een volledig intacte herinnering aan andere bestaansvormen en incarnaties. Je arriveert met kennis over je gidsen en je overeenkomst van vóórdat je feitelijk menselijke vorm aannam. Geboren worden is een spirituele ervaring en zou ook als zodanig behandeld moeten worden. Artsen hebben nog veel te leren over het moment van de geboorte. Natuurlijk zijn er gevallen waarbij medische interventie absoluut noodzakelijk is, maar dit soort geboortes zijn uiterst zeldzaam.

Aanvankelijk ben je in staat om heel helder te communiceren, gebruik makend van je telepathische vermogens. Je begrijpt alles wat er om je heen gezegd wordt en je ervaart ieder gevoel dat de mensen om je heen ervaren. Zodoende beseffen de meesten van jullie dat ze niet helemaal welkom zijn op aarde! Het is een grove misvatting te menen dat baby's niet begrijpen wat je tegen ze of over ze zegt. Baby's zijn volgroeide geesten in kleine lichaampjes. Ze zijn niet anders dan diegenen van jullie die op dit moment het vermogen blijken te hebben dit boek te lezen.

Meteen na de geboorte zijn sommigen van jullie verward doordat ze in een lichaam zitten en door de dichtheid van het fysieke vlak. Je bent ontstemd dat je deze nieuwe beperkingen hebt. De hevigheid van deze gevoelens hangt af van hoelang je buiten een lichamelijke vorm hebt verkeerd. Diegenen van jullie die uit andere bestaanssferen kwamen, waarvan er vele zijn, voelen zich misschien vooral gedesoriënteerd. Sommige wezens vinden het moeilijk te geloven dat ze in zulke kleine lichaampjes opgesloten zitten.

Ouders, geloof alsjeblieft het bovenstaande en handel ernaar. Je moet je altijd van je handelingen en gedachten bewust zijn, maar speciaal in de buurt van pasgeborenen, omdat zij nog niet de muur hebben opgetrokken die het oudere mensen moeilijker maakt de gedachten van anderen te horen. Het is belangrijk je baby te helpen om een soepele overgang te maken vanuit de geesteswereld of andere bestaanswerelden naar dit fysieke vlak. Ze vasthouden, wiegen en knuffelen is geen overbodige luxe, het is noodzakelijk als je wilt dat je kind opgroeit met een duidelijk beeld van zijn missie. Wanneer je een negatieve gedachte hebt rond je baby, stuur dan onmiddellijk liefde en vergeef het jezelf. Je baby zal dan in staat zijn enige zin te geven aan de conflicterende emoties die het begin van zijn of haar leven omgeven.

De school en je ouders leren je hoe je je moet conformeren en ze belonen je in het algemeen daarvoor. Onthoud dat hoe meer jij je aan de normen van de maatschappij aanpast, des te verder je van je pad afraakt. De school bereidt je erop voor stilletjes je plaats in de maatschappij in te nemen. Het lesmateriaal dat in de meeste scholen onderwezen wordt, is door de regering of door godsdienstige organisaties voorgeschreven en het leert je hoe je het best in dat schema past. Ze leren je hoe je een goed 'burger' wordt, hoe je dingen doet waarvan je niet houdt en hoe je je aanpast en doet wat er van je verwacht wordt, zonder te klagen.
Regeringen en godsdienstige organisaties zijn bang dat je zult ontwaken en zelf na gaat denken. Juist vanwege hun aard hebben ze het nodig dat jij je conformeert, dat je verdoofd wordt met maatschappelijke vergiften zoals televisie, kranten, drugs, eten en seks. Velen van jullie leveren hun aandeel om anderen in slaap te houden, door tranquillizers voor te schrijven als je arts bent, en door zoet en vet te koken als je de scepter zwaait over de keuken van een huishouden. Maar bovenal sussen jullie jezelf steeds in slaap door je veel te veel over te geven aan zogenaamde pleziertjes. Voor alle dingen is er een juist gebruik; er is nooit sprake van een juist gebruik wanneer iets je minder alert en bewust maakt. Nogmaals, wees praktisch, let op wat je je lichaam in laat komen en wat je anderen in laat nemen, en onderzoek je redenen nauwgezet. Als je 'verslaafd' bent aan iets, overweeg dan waarom dat zo is. Welke gevoelens probeer je niet te voelen? Gelukgewenst als je je gewoon niet hebt geconformeerd in de school of in de maatschappij! Terwijl de psychiaters onder jullie je een speciale naam geven, zou je geprezen moeten worden voor het feit dat je je niet hebt laten vangen. De meesten van jullie voelden zich echter meer en meer ingeperkt, en bijna allemaal zijn jullie compleet vergeten waarom je ook al weer naar de aarde gekomen bent.

Toen kwam er als je geluk had, denk weer aan het schema, een crisis in je leven die je tot aan de rand van je kennis bracht. Dit was

misschien de dood van iemand van wie je erg veel hield of misschien het verbreken van een relatie. Het is ook heel goed mogelijk dat er niet iets buiten je plaatsvond. In elk geval zag je op een dag dat je wereldje ineenstortte. En het leek wel alsof er geen enkele manier was om het weer in elkaar te lijmen. Het deed je denken aan Humpty Dumpty die op een muur zat en een smak maakte, en alle paarden en alle manschappen van de koning konden hem niet weer in elkaar zetten. Op zulke momenten realiseer je je dat je hele wereld een illusie is, dat niets werkelijk is. Dit is een erg moeilijk moment en het is tevens de allereerste stap in het ontwaken tot de ware werkelijkheid. Op zo'n moment nemen de meesten van jullie hun toevlucht tot traditionele behandelingswijzen en stompen af en vergeten weer. Dit zijn de momenten waarop je het etiket 'niet goed in het hoofd' krijgt en mogelijk zelfs dat je een 'zenuwinzinking' hebt. GELOOF DIT NIET! Je maakt een spirituele crisis door. Er zijn mensen die toegerust zijn om deze crisis op een juiste manier te behandelen. Probeer za alsjeblieft op te sporen, of laat iemand anders dat voor jou doen als je zelf te zeer uitgeschakeld bent.
Op het moment dat je inziet dat alles wat je voor heilig hield een leugen is, ben je op weg naar heelheid. Dit kan als een geleidelijk groeien van je bewustzijn komen of als een onvergetelijk moment van waarheid.
(Einde boodschap)

Ik herinner mij een moment van absolute helderheid dat op vijf september 1991 plaatsvond. Twee weken daarvoor was de dood mij in een droom en in een afzonderlijke meditatie verschenen. De dood kwam als een geheel in zwart gehulde figuur en wenkte mij. Hij zei: 'Phoebe Lauren, je hebt nog maar twee weken te leven.' Hij was erg kalm en vredig. Ik belde meteen mijn acupuncturist en maakte een afspraak.
Hij was er zeker van dat dat personage niet letterlijk sprak, maar dat het me op de hoogte bracht van een naderende spirituele verschuiving. Voor de zekerheid gaf hij me echter rode koordjes mee die ik rond mijn polsen en enkels moest dragen; en dat deed ik. Hij legde uit dat in bepaalde Chinese en joodse tradities rood wordt gezien als een gelukbrengende, beschermende kleur.
Twee weken verstreken, tot ik op vijf september besloot om met een van mijn beste vrienden een ritje te gaan maken over de kustweg in

Californië. Hij leek nerveus en probeerde steeds maar het stuur van me over te nemen, wat we allebei amusant en vreemd vonden omdat het zo onnatuurlijk voor hem was. We bespraken vele dingen. Ik herinner me dat ik hem vertelde over die keer dat ik terugvloog uit Europa en het vliegtuig een motor verloor. Alle passagiers waren behoorlijk overstuur toen we de noodlandingspositie in moesten nemen, naar voren leunend met onze handen over ons hoofd. Ik lachte, omdat ik tenminste in Europa was geweest! Mijn vriend vond dat het verhaal klonk alsof ik depressief was en hij dacht dat hij beter kon rijden. Ik maakte een grapje over zijn uitleg.

We reden toen op een stuk van de kustweg met erg veel bochten, en het laatste dat ik me herinner is dat er een bocht naar links aankwam (rechtdoor zouden we in de Grote Oceaan belanden). Plotseling kreeg ik het gevoel alsof ik door de bliksem was getroffen. Ik werd uit mijn stoel getild en mijn geest verliet mijn lichaam. Ik keek naar beneden en was bezorgd om mijn vriend, en had toch tegelijkertijd het gevoel dat er op een of andere manier voor alles gezorgd werd. Het was vreemd om naar de auto onder me te kijken en hem voort te zien snellen terwijl ik erboven hing.

Na wat enkele tellen later leek, merkte ik dat ik weer in de auto reed. Ik voelde me op z'n zachtst gezegd heel vreemd. Mijn vriend wist dat er iets heel erg mis was, aangezien ik uit mijn stoel omhoog was gesprongen en mijn gezicht nu erg rood was. Na een paar ogenblikken besloot ik dat ik een hartaanval of een beroerte gehad moest hebben. Ik had het gevoel alsof er iets losgeraakt was uit mijn eerste chakra en met ongelooflijke snelheid door mijn lichaam omhooggeschoten was, wat het onmogelijk maakte om te ademen, te spreken of te zien.

Toen we de auto aan de kant van de weg zetten, leek de hele wereld te verschuiven. Alles was zo mooi en helder. Ik voelde me deel van alles uitmaken en wist dat ik daarnet herboren was. Het was een ongelooflijk gevoel van extase. De persoon ik bestond niet langer meer. Alles was omgeven door licht. Ik was verbaasd te 'zien' hoe alles werkelijk was. Alle voorwerpen gloeiden en vloeiden in elkaar over, en schiepen een kosmische eenheid waarvan ik begreep dat ik volledig deel daarvan uitmaakte. Ik hoef niet te zeggen dat dit een enorme opening in mijn bewustzijn was. Vele ongelooflijke voorvallen hebben sindsdien plaatsgevonden. Dit was pas het begin.

Stargate 2 – Noem me Zakaria

Je vraagt je misschien af wat de titel van dit hoofdstuk te beduiden heeft. Ik wil dat jij, lezer, weet dat dit ook voor mij geldt. Telkens wanneer ik een gechanneld boek las of een boek dat rechtstreeks door de Geest was geïnspireerd, leek het me steeds zo makkelijk voor degene die het opschreef. Ik wil dat je weet dat het bij vlagen *erg moeilijk* voor mij is om te luisteren. Zojuist heb ik de aantekeningen voor een boek dat ik in 1988 wilde schrijven te voorschijn gehaald en probeerde ik de onderwerpen ervan op een of andere manier in te passen. Ik stond vanmorgen ook op met het idee dat ik me eens hier aan het eind van de straat moest gaan inschrijven voor Franse les, voor mijn eigen plezier – alles om het werk maar niet te hoeven doen. Ik vertel je dit omdat het een worsteling voor me is. Ik ben per slot van rekening een intelligent wezen. In feite was ik er trots op bijzonder intelligent te zijn. Ik maakte eens deel uit van Mensa, dat is een groep voor mensen die slim genoeg zijn om het goed te doen in door mensen gemaakte intelligentietesten. Nu zit ik aan een computer te schrijven over een 'stargate' (sterrepoort) en iemand of iets, genaamd Zakaria.

Het is heel moeilijk om te luisteren en te vertrouwen. Je mag iedereen die mij kent vragen hoe moeilijk het voor me is. Ik heb overal engelen om me heen en zoveel bescherming dat noch ik, noch mensen die energieën kunnen zien en voelen, het kunnen geloven, en toch speelt het menselijke element me parten.

Juist gisteravond kreeg ik een heel goede les in luisteren. Een vriendin van me had me uitgenodigd voor het ballet, en ik had haar vooraf te eten gevraagd. Terwijl ik boodschappen deed en het eten klaarmaakte, had ik het geheimzinnige gevoel dat we iets heel belangrijks gingen vieren. Zozeer dat ik bij het tafeldekken het goede porselein gebruikte en zelfs het zilveren bestek. De tafel zag er heel feestelijk uit toen mijn vriendin binnenkwam.

Ik was bijzonder gelukkig haar die avond te zien en spoedig waren we in een heel diep en diepzinnig gesprek verwikkeld. Mijn band met deze vriendin lijkt ons beiden vreemd, omdat we ogenblikkelijk heel erg innig waren. We merken dat we voortdurend dingen met elkaar delen waarvan we er niet aan zouden denken die ooit met andere vrienden te delen.

Ons gesprek kwam op het onderwerp hoe we in deze wereld komen en hoe kostbaar baby's zijn. Ze wilde al tien jaar een baby hebben, maar leek niet zwanger te kunnen worden. We hadden dit onderwerp al vele malen besproken. Terwijl we in de huiskamer zaten, vertelde ze me dat haar hormonen allerlei 'vreemde' dingen in haar lichaam lieten gebeuren. Ze schreef deze toestand aan verschillende dingen toe. Ik keek haar aan en vroeg haar of ze de mogelijkheid al overwogen had dat ze zwanger was. Ze was verbijsterd. We gingen een zwangerschapstest halen en jazeker, ze was het! We hadden een fantastisch feestmaal, dankzij het feit dat ik naar de Engelen geluisterd had en waarschijnlijk ook naar de ziel die begonnen was een lichaampje in mijn vriendin te laten ontstaan. Ik herinnerde me tevens dat ik eerder op die dag geschreven had over ouder zijn. Natuurlijk, sommige mensen kunnen dit toeval noemen. Ik geloof daar niet meer in. Alles gebeurt met een bepaalde reden. Er zijn geen toevallige gebeurtenissen.

De Engelen spreken over Zakaria en de kracht van de gedachte

Alhoewel de mens die deze informatie neerschrijft geen officiële naam voor ons verlangt, mag je ons Zakaria noemen (spreek uit Za Ka Rái A). Deze naam vertegenwoordigt een groepsenergie die transformatief van aard is. We zijn afkomstig van zeven verschillende stralen, waarvan elk een aspect van de zevende sfeer vertegenwoordigt. We hebben onze krachten gebundeld ten behoeve van deze collectieve inspanning. De naam 'Zakaria' telt zeven letters, elk ervan vertegenwoordigt de trilling van een van ons. Het is van geen belang dat je onze individuele symbolen kent, alleen dat we te zamen Zakaria genoemd willen worden. Onze hoofdstralen zijn paars en groen.

We willen spreken over hoe deze speciale stoffelijke wereld die jullie nu bewonen in elkaar steekt. Het is belangrijk dat jullie een aantal fundamentele universele geheimen begrijpen die het jullie oneindig makkelijker zullen maken om in de aardse sfeer te leven.

Geheim nummer 1:
Alles wat bestaat is met een gedachte begonnen. Mensen zijn niet de enigen die kunnen denken.

Dierbaren, sta er eens bij stil dat niets in het universum bij toeval geschiedt. Alles wat er gebeurt volgt daarbij een bepaalde reeks criteria. Denken is daarop geen uitzondering. Als menselijke wezens lopen jullie niet zonder reden te denken. Alles, iedere handeling heeft een doel. Het doel van denken is scheppen. Dit is het enige doel ervan.

Stel je eens één moment voor dat je er werkelijk in gelooft dat het enige doel van denken scheppen is. Zie je hoe snel je dan je gedachten zou gaan observeren? Je zou beginnen jezelf te vragen: 'Wat schep ik eigenlijk?' Dit is uiteindelijk de enige geldige vraag.

Voor we in detail zullen onderzoeken hoe scheppen in zijn werk gaat, willen we je op de hoogte brengen van het tweede deel van de wet. Jullie zijn niet de enigen die kunnen denken; er bestaan dust naast degenen in menselijke vorm anderen die kunnen scheppen. Alles in het universum heeft een bewustzijn en kan 'denken'. Zo 'denkt' bijvoorbeeld een rots zijn essentie: rots, en zo verder. In jullie kern denken de meesten van jullie 'menselijk wezen' met alle daarmee gepaard gaande beperkingen. Verander deze kerngedachte alsjeblieft in 'geestelijk wezen', 'lichtdrager', 'geest' of een dergelijk symbool. Dit zal onmiddellijk het effect hebben dat het je van menselijke beperkingen bevrijdt. Geloof ons alsjeblieft, jullie zíjn lichtdragers.

Naast alles en iedereen op aarde dat een stoffelijke vorm heeft, bestaan er vele, vele wezens, die voor jullie op dit moment grotendeels 'onzichtbaar' zijn en die nadenken over het lot van de planeet aarde. Ook zij maken deel uit van het Goddelijke Plan voor deze wereld. Zij bestaan in dimensies naast de onze. Hieronder vallen jullie hogere zelf, geestesgidsen, engelen zoals wij, en andere wezens die er rechtstreeks belang bij hebben zich op het aardse vlak te concentreren.

Een makkelijke manier om dit te begrijpen is je voor te stellen dat je in een trein rijdt die op het punt staat een groot station binnen te rijden. Op hetzelfde moment, misschien vanuit een andere richting of

zelfs vanuit dezelfde hoofdrichting, komt er een aantal andere treinen aan. Je ziet die andere treinen misschien niet eens, maar dat betekent nog niet dat ze er niet zijn. Zij onttrekken zich alleen aan je menselijke waarneming.
Wij allen te zamen scheppen deze 'werkelijkheid' die in laatste instantie een illusie is. Laten we nu onderzoeken op welke manier gedachten werkelijkheid creëren. We gebruiken het woord werkelijkheid om te verwijzen naar datgene wat jullie in het algemeen als werkelijkheid beschouwen, niet de ultieme realiteit. Later zullen we erop ingaan wat de realiteit is. Eerst willen we jullie uitleggen hoe deze stoffelijke wereld werkt.

Laten we het voorbeeld gebruiken van een stel dat een kind wil. Ze denken de gedachte dat ze werkelijk graag een baby zouden willen, onmiddellijk gevolgd door alle veranderingen die de baby in hun leven zou teweegbrengen, zoals dat een van hen een tijdje van het werk weg is wanneer de baby geboren wordt en de eerste maanden daarna. Ze denken erover hoe graag ze samen alleen willen zijn. Wat scheppen ze nu eigenlijk?
Laten we aannemen dat de vrouw inderdaad zwanger raakt. In de eerste weken waarin ze weet dat ze zwanger is, krijgt ze een bloeding. Nu denkt ze: O nee, niet weer een miskraam. Wat doe ik verkeerd? Ze wordt volkomen in beslag genomen door deze gedachte en ze raakt bedroefd alsof de miskraam reeds had plaats gevonden. Ze doet dit zelfs nog voordat ze andere mogelijkheden in overweging heeft genomen. Het is bijvoorbeeld niet ongewoon dat er enig bloedverlies optreedt aan het begin van de zwangerschap wanneer de foetus zich veilig in de baarmoederwand nestelt.
Als de vrouw gelooft dat het een miskraam zal worden, is het onwaarschijnlijk dat er een gezonde zwangerschap zal optreden, tenzij iemand het paar duidelijk maakt dat ze tegelijkertijd een baby creëren en een leven zonder baby creëren. De vrouw die zwanger is creëert zowel een baby als een miskraam. Er is een interventie nodig om deze gedachten te doen veranderen.
Wat zou er gebeuren wanneer de zwangere vrouw bij haar positieven kwam en een vriendin opbelde meteen nadat ze de bloeding opgemerkt had? Wat als haar vriendin voor de volle honderd procent geloofde dat de vrouw een baby kon krijgen? Wat als de vriendin haar vertelde over de innestbloedingen en haar uitlegde dat dit

vaak gebeurt? Wat als ze haar voorts vertelde dat ze er zeker van was dat de baby zou blijven wanneer ze zich beiden met elkaar verenigden, de baby verwelkomden, en de baby vroegen te blijven? Alhoewel er niets vast staat in de ervaringswereld van de derde dimensie, zijn de kansen op een voortgezette zwangerschap dan veel, veel groter dan wanneer de vrouw op het standpunt zou blijven staan dat het verleden zich weer aan het herhalen is. Onthoud dat je gedachten scheppers zijn.

Je dient je gedachten zorgvuldig te onderzoeken. Als je op hetzelfde moment zowel aan het scheppen als aan het vernietigen bent, dien je je daarvan bewust te worden. Als je twee tegengestelde gedachten denkt, is het belangrijk je daarvan bewust te zijn, en dan te besluiten welke gedachte je werkelijk wilt denken.
Wanneer je een besluit neemt, moet je eerst uitmaken welke gedachte je hierover vast wilt houden, en dan moet je om leiding vragen om te ontdekken of dit inderdaad het beste of hoogste pad voor jou is. Je moet inzien hoe jij je over je beslissing voelt.
Soms heb je een gedachte en houd je die gedachte in stand, hoewel er niet gebeurd is wat je wilde dat er gebeurde. Dit kan om een verscheidenheid aan redenen zo zijn. Bedenk dat iedereen voortdurend aan het denken is; derhalve is iedereen in alle gebieden voortdurend aan het scheppen. Als jij gewicht kwijt wilt raken en iedereen in je omgeving denkt dat je dat niet kunt, dan zijn je kansen op succes gering. Als je werkelijk je doel met gemak bereiken wilt, zul je de hulp van de mensen in je omgeving moeten inroepen. Vertel ze wat je wilt en vraag ze een positieve gedachte voor jou vast te houden.
Je moet bewust de beslissing nemen positief te zijn. Wanneer je iets wilt manifesteren, is het belangrijk heel erg duidelijk te zijn. We hebben gezien hoe jullie bij het manifesteren van iets vele vreemde processen doorlopen. Sommigen van jullie vroegen om een levenspartner, waarbij ze vergaten aan te geven dat hij of zij ongetrouwd moest zijn! Sommigen van jullie visualiseerden de perfecte baan, en kwamen er uiteindelijk achter dat die in Alaska was! Onthoud dat gedachten áltijd scheppen.
Groepsenergie is belangrijk wanneer je iets creëert. Als je bij een project betrokken bent waarvan de uitkomst twijfelachtig is, is het goed iemand anders te vinden die er voor honderd procent in gelooft. Merk op dat we zeiden: honderd procent. Dit betekent niet

98% of zelfs 99,99%. Als je voor honderd procent in iets gelooft en het manifesteert zich desondanks niet, komt dat omdat anderen die krachtiger zijn dan jij het project ontkrachten, of dat het in het kosmische bestel niet de bedoeling is dat het plaatsvindt. Aan de eerste situatie kun je iets doen. Dierbare, omring je alsjeblieft met mensen met gelijke energie en overtuigingen. Dit maakt je werk zoveel eenvoudiger, en het onze ook.
Kijk eens om je heen. Vibreer je op de energieën van degenen die je het meest nabij zijn? Als dat niet zo is, vraag jezelf dan af wat je daar doet. Waarom kies je ervoor dagelijks met mensen om te gaan die niet zijn zoals jij? Waarom wil je doorgaan met lijden? LIJDEN IS EEN KEUZE, GEEN VERPLICHTING! Toen je kind was, had je het gezonde verstand om uit de buurt te blijven van kinderen die jou niet graag mochten of die jij niet aardig vond. Kinderen kunnen heel duidelijk zijn in vriendschappen. Als volwassene kun je allerlei redenen bedenken waarom je je met mensen moet verbinden die je eigenlijk niet om je heen wilt hebben. Heb je er ooit wel eens aan gedacht dat deze aantrekkingen en afstotingen eigenlijk boodschappen zijn die je helpen op je levenspad te blijven?
Om makkelijk dingen te kunnen manifesteren moet je een omgeving hebben die met je meewerkt. Besteed dus alsjeblieft aandacht aan je gedachten en je omgeving.
(Einde boodschap)

SCHEPPING

Gedachten scheppen altijd. Je hebt een keus. Onderzoek je gedachten zorgvuldig.
Wat wil je scheppen?
Harmonie?
Strijd?
Tegenstelling?
(Je mag er maar een hierboven kiezen!)

100% geloof schept altijd harmonie

1. Gedachte: Stoffelijke manifestatie
'Ik verlang' ⟶ X

(Wanneer er geen strijdige gedachten tussendoor komen, vindt schepping precies volgens de gedachte plaats).

Voorbeelden:
A. Ik wil een liefdesrelatie met Y hebben.
B. Ik wil een nieuwe baan.

Strijdige gedachten scheppen altijd strijd

2. Gedachte A: Stoffelijke manifestatie
'Ik verlang' ⟶ X

Gedachte B:
'maar...'

Voorbeeld:
Gedachte A: Ik wil een liefdesrelatie met Y.
Gedachte B: Maar ik wil niet in die en die stad wonen en ik wil niets met zijn/haar kinderen te maken hebben.

Voorbeeld:
Gedachte A: Ik wil een nieuwe baan.
Gedachte B: Maar ik kan waar ik nu zit niet gemist worden en het zou moeilijk zijn om me nu te vervangen, enzovoort.

Tegengestelde gedachten scheppen altijd tegenstelling

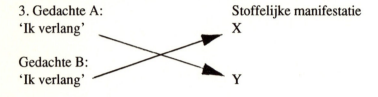

3. Gedachte A: Stoffelijke manifestatie
'Ik verlang'   X

Gedachte B:
'Ik verlang'   Y

Voorbeeld:
Gedachte A: Ik wil een liefdesrelatie met Y.
Gedachte B: Ik wil met niemand een relatie, omdat ik mannen/vrouwen niet vertrouw.

Voorbeeld:
Gedachte A: Ik wil een nieuwe baan.
Gedachte B: Ik wil geen nieuwe baan zoeken, want dat is zo'n hoop gedoe.

Stargate 3 – Je bent alleen echt wanneer

In het betoverende kinderverhaal *The Velveteen Rabbit* (Het fluwelen konijn) loopt een speelgoed Bontpaard rond dat langer dan enig ander stuk speelgoed in de kinderkamer gewoond heeft. Op een dag vraagt Konijn, die relatief nieuw is, aan Bontpaard wat *echt* is. Bontpaard antwoordt: 'Het is iets dat je overkomt. Wanneer een kind je lange, lange tijd liefheeft, niet alleen om met je te spelen bedoel ik, maar *echt* van je houdt, dan word je echt.'
'Doet dat pijn?' vroeg Konijn.
'Soms', zei Bontpaard, want hij sprak altijd de waarheid. 'Wanneer je echt bent, vind je het niet erg als ze je pijn doen.'
'Gebeurt het zomaar opeens, zoals wanneer je opgedraaid wordt,' vroeg hij, 'of stukje bij beetje?'
'Het gebeurt niet zomaar opeens,' zei Bontpaard. 'Je wordt het. Het kost veel tijd. Dat is de reden waarom het niet gebeurt met luitjes die makkelijk breken, of die scherpe hoekjes hebben, of die voorzichtig aangepakt moeten worde   Over het algemeen is, tegen de tijd dat je echt bent, al je haar e   fgeknuffeld, zijn je ogen eruit gerold en raken je naden los en   er erg haveloos uit. Maar dat geeft allemaal niet, want als je   aal echt bent, kun je niet meer lelijk zijn, behalve voor mensen   t niet begrijpen.'

Ik heb dit deel van l   haal altijd bijzonder roerend en rijk aan betekenis gevonden.   1 me herinneren dat ik erg teleurgesteld was toen ik voor het   naar school ging. Ik dacht werkelijk dat we gingen leren waar   ve hier waren en wat de zin daarvan was. Een groot deel van mij   d werd in beslag genomen door de 'onbeantwoordbare' vragen: e zijn we? Waar gaan we heen? Waarom zijn we hier? Het is zo   schenk om contact te hebben met de Engelen die mij en andere   et deze vragen kunnen helpen. Hoe weten we nu war   r we echt zijn? Veel tijd van mijn leven heb ik besteed om ande   te behagen en te doen wat ik dacht dat zij van mij wilden. Ik zal   it die ochtend vergeten dat mijn vroegere echtgenoot vertelde da   l van me wilde scheiden. We zaten aan het ontbijt. Het was de tijd rond kerst en we hadden de avond ervoor een uitgebreid feest gegeven, compleet met catering, live music en zelfs een butler. Hij vertelde me dat hij met zijn secretaresse wilde trouwen. De volgende werkdag zette ik de scheidingsprocedure in gang, aangezien ik nog steeds advocaat was. Ik herinner me dat ik dacht dat dit onmogelijk was, omdat ik toch altijd alles gedaan had wat een goede echtgenote, naar ik meende, moest doen. Mijn leven draaide hier om. Ik had me tot het uiterste aangepast. En zelfs ondanks het feit dat ik alles gedaan had wat ik kon om hem te plezieren, verliet hij me! Dit schokte me enorm. Dit was slechts een van de vele toekomstige moeilijke lessen die ik te leren had.

Vele jaren later, ik ben inmiddels tien jaar gescheiden, weet ik nu duidelijk dat ik alleen datgene kan doen wat mij gelukkig maakt. Om echt te kunnen zijn, moet ik mijn hart volgen en me niet door anderen laten beïnvloeden. Als het goed voor me voelt, dan doe ik het. Als dat niet zo is, dan doe ik het niet.

Ik ben de voogdes van een lief meisje, Emily genaamd. Ik houd erg veel van haar. Toen ik me klaarmaakte om naar Europa te komen om dit boek te schrijven, raakte ze uit haar doen. Ze zei me dat ze me zou missen en dat ze niet begreep waarom ik dat boek niet in Californië kon schrijven. Ze wilde dat ik bij haar bleef. Alhoewel dat erg moeilijk aan een elfjarige viel uit te leggen, vertelde ik haar dat ik me ertoe gedreven voelde naar Europa te gaan en dat ik mijn leven niet kon of wilde inrichten om haar te plezieren. Natuurlijk zei ik dat op een heel liefdevolle manier.

Ik had een week lang gemediteerd voor ik de beslissing nam naar Amsterdam te gaan. Ik wist, zonder een spoor van twijfel, dat dit de plek was waar ik hoorde te zijn. Er werd me een prachtige ruimte aangeboden, compleet met het gebruik van een computer. Alle mensen om me heen in Amsterdam steunden me voor honderd procent bij het schrijven van dit boek. Ik had het gevoel of ik mijn thuis gevonden had. Ondanks het feit dat er tal van redenen waren om niet te gaan, wist ik toch dat dit de volgende stap op mijn pad zou zijn. Ik gaf een heleboel op: een baan, een flat waarvan ik hield, een mogelijke relatie, en zelfs mijn witte sportauto waar ik echt verzot op was. Dit waren de materiële dingen. Emotioneel diende ik me fysiek te scheiden van enkele heel dierbare vrienden en familieleden.

Over het algemeen kreeg ik bijzonder veel steun van de mensen om me heen. Ik ontdekte wie mijn ware vrienden waren. Ik stelde een nieuwe definitie van vriend op: iemand die jou en jouw verlangens door dik en dun voor honderd procent ondersteunt! Dat is veel gevraagd voor een vriend, maar ik voel dat het iets noodzakelijks is. Het was overigens heerlijk om mijn moeder in mijn 'vrienden'-categorie aan te treffen! Ik ben me er evenwel goed van bewust dat het onze vrienden enige tijd kost om zich aan onze spirituele groei of plotselinge koerswijziging aan te passen. Ik koester niet de verwachting dat mijn vrienden mij ogenblikkelijk zullen steunen, alleen dat ze uiteindelijk mijn innerlijke leiding zullen begrijpen en me in het licht zullen zetten.

Hoe meer ik me verwijder van wat alle anderen van me verwachten, des te echter ik me voel. Met echt bedoel ik: des te meer voel ik dat ik op mijn pad zit. Ik heb vele oefeningen uit tal van werkboeken gedaan en ik heb vele boeken over het volgen van je pad gelezen. Maar mijn grootste hulp is steeds geweest naar binnen te keren en te voelen of iets goed is of niet. Meditatie beoefenen is een van de beste manieren die ik ken om spirituele vooruitgang te boeken.
We zijn echt wanneer we ons vitaal en geleid voelen, wanneer we niet het gevoel hebben dat we vast zitten, wanneer we van binnen weten dat dit precies is wat we behoren te doen, wat dat 'dit' ook maar is. Ik ken het verschil tussen me recht vooruit bewegen en een omweg maken, alhoewel ik er niet altijd voor kies op een makkelijke manier vooruit te komen. Wanneer ik een omweg bewandel, voel ik me minder vitaal. Het voelt alsof ik een beetje sterf. Wanneer ik rechtstreeks vooruitgang boek, voel ik me opgetogen en vol vreugde.
Ik vertelde iemand eens dat ik de uiterste grenzen van mijn wezen wilde raken. Ik wil me niet de hele tijd veilig voelen. Ik wil naar de rand van de klif gaan. Ik wil mensen ontmoeten die 'dingen in me loslaten'. Ik wil me in situaties begeven waarin ik me niet helemaal zeker voel van mezelf. Dit is de manier waarop ik groei.
Een heel groot stuk in mij bewondert het kleine kind. Denk eens aan de tijd dat we leerden lopen. Telkens wanneer we vielen, krabbelden we weer overeind. We verwachtten geen moment dat we konden lopen zonder eerst te vallen. Hoevelen van ons nemen alleen aan activiteiten deel wanneer ze volkomen zeker van de uitkomst zijn? Ik ken mensen die er hun hele leven mee bezig zijn om veilig en comfortabel te zijn. Ik kan in zo'n omgeving van angst gewoon niet groeien, jij wel?

Confucius zei: 'Onze grootste glorie ligt niet in nooit vallen, maar in opstaan bij iedere keer dat we vallen.'

In het moment leven heeft me enorm geholpen om vooruit te gaan en die banden door te snijden die niet langer behulpzaam zijn. Ik denk daarbij graag aan een trapeze-artieste hoog aan een trapeze. Ze zwiept heen en weer door de lucht en wil de volgende stok pakken. Ze moet degene die ze vast heeft loslaten om de volgende te kunnen grijpen. Hoevelen van ons zijn te bang om los te laten wat niet werkt? En toch is dat precies wat we moeten doen om te krijgen wat wel kan werken: een ware sprong in geloof en vertrouwen!

Ieder moment kiezen we voor leven of dood.

Telkens wanneer ik iets kies uit angst voor de toekomst of uit angst voor een verleden dat zich herhaalt, kies ik ervoor een beetje te sterven. Dit schept disharmonie en een gebrek aan balans in mijn systeem. Ik moet vaststellen wat ik wil, wat ik niet wil, en dan actie ondernemen. Als ik niet de moed heb dit te doen, schep ik een disharmonische toestand in mijn wezen, die tot ziekte kan leiden.

De Engelen spreken over liefde voor jezelf

Elke ziekte wordt veroorzaakt door een gebrek aan liefde voor jezelf. Er zijn al veel verschillende theorieën geweest over waarom mensen ziek worden, en vele daarvan zijn waardevol. Het is inderdaad een toestand van ongemak en een toestand van uit balans zijn. Wij zijn geïnteresseerd in wat de ziekte veroorzaakt, niet in de ziekte zelf. We zouden kunnen ingaan op alle mogelijke ziektetoestanden en op wat er in het stoffelijk lichaam gebeurt bij een ziekte, maar we willen ons liever concentreren op wat er met je gebeurt vóór je ziek wordt. Als je eenmaal werkelijk ziek bent, kan het heel moeilijk zijn die toestand weer om te keren, omdat dan de energiepatronen die boodschappen overbrengen naar de hersenen reeds zijn gebaand.
Zeker, er zijn paden in je lichaam die gezondheid of ziekte creëren. Deze paden worden geschapen door klieractiviteit. Je spirituele zelf en emotionele zelf staan rechtstreeks in wisselwerking met je klieren lymfestelsel. Deze zorgen er in eerste instantie voor dat gifstoffen

en negatieve emoties geëlimineerd of getransformeerd worden. Ze reageren het meest op emotionele en cognitieve prikkels.
Je klierstelsel is inderdaad complex. Wetenschappers zullen in de komende tien jaar meer over de feitelijke reacties van verscheidene klieren aan de weet komen. De genezing van veel ziekten ligt in een behandeling waarbij de klieractiviteit in het lichaam wordt gecorrigeerd. De klieren van het lichaam staan voortdurend in rechtstreekse communicatie met elkaar. Ze lijken op een enorm computersysteem dat elke dag honderdduizenden boodschappen afhandelt. Jouw emotionele hoedanigheid heeft direct invloed op deze boodschappen. Onthoud dat alle ziekten rechtstreeks veroorzaakt worden door een gebrek aan liefde voor jezelf. Wat betekent dit op praktisch niveau? Jullie moeten allemaal meer van jezelf gaan houden. We beseffen dat jullie dit al eerder uit verschillende bronnen vernomen hebben. Maar we zijn er tegelijk zeker van dat jullie geen idee hebben hoe je dit moet doen. Want als jullie dat wisten, zouden er geen ziekten zijn, geen kanker of aids bijvoorbeeld. Deze ziekten waren al vele jaren op aarde aanwezig. Het is het bewustzijn van de mensheid dat ze nu de gelegenheid geeft zich zo snel te verspreiden.

Wanneer jullie jezelf waarlijk liefhebben en in een toestand zijn die je kent als zaligheid of extase, scheidt je lichaam een krachtig hormoon uit, vergelijkbaar met de hormonen die worden geïsoleerd wanneer iemand zwaar lichamelijk werk verricht. Dit liefdeshormoon is echter een goddelijk hormoon. Het is je essentiële hormoon, het hormoon van leven en regeneratie. Wanneer je liefdevolle gedachten en liefdevolle gevoelens jegens jezelf hebt, activeer je deze hormonale uitscheiding in je stoffelijke lichaam. Dit is het stoffelijke aspect van het goddelijke. Het is deze ervaring die je weghaalt uit een bestaan in de derde dimensie en je opheft naar een bewustzijn in de vierde dimensie.
Sommigen van jullie zijn verzot op chocola, omdat het een hormoonuitscheiding simuleert die het gevoel van 'verliefd' zijn nabootst. Dit is een kunstmatige prikkel die je een gevoel van liefde voor jezelf, een gevoel van welbehagen geeft. Nu willen we natuurlijk niet dat jullie allemaal kilo's chocola gaan eten, omdat iets waar 'te' voor staat niet goed is voor je lichaam. Als je je echter ooit hebt afgevraagd waarom je snakt naar chocola, dan heb je daar nu een mogelijke verklaring voor.

Hoe heb jij jezelf lief? Je dient eerst te beginnen met jezelf rustig te maken en naar binnen te kijken naar wat je werkelijk in het leven wilt. Het is niet verkeerd iets te verlangen. Het is in wezen noodzakelijk voor je groei, en het is een feilloze manier om uiteindelijk te ontdekken wat je hier komt doen. Onthoud dat jullie allemaal een belangrijke missie te vervullen hebben. Het is noodzakelijk voor je te ontdekken wat je werkelijk wenst. Je hebt het recht dat te doen. Jazeker, je hebt het absolute recht te weten wat je graag in je leven zou willen hebben. En dan heb je het recht dat te krijgen.
Schenk geen aandacht aan hen die zeggen: 'Wees voorzichtig met wat je vraagt, je zou het eens kunnen krijgen!' Deze mensen zijn beperkt in hun denken. In feite is het zo dat je, als je iets wilt en het krijgt, daar later altijd anders over mag denken, wanneer je mocht besluiten dat je het toch niet wenst. Laten we eens zeggen dat je heel graag een relatie zou willen hebben die werkelijk voedend voor je is, en dat je besluit dat dit echt precies is wat je in je leven wilt, op dit moment. Ten slotte ontmoet je iemand (binnen een seconde of langer na het vaststellen van je verlangen). Hij of zij lijkt perfect, maar na een paar minuten, maanden of hoe lang het ook duurt, besluit je dat dit toch niet is wat je wilt. Misschien past die persoon op een of andere manier niet bij je, of misschien besluit je dat je op dit moment toch geen relatie wilt. Op dat moment kun je altijd die persoon weer uit je leven wensen. Dat is niet verkeerd of wreed. Je vraagt om iets wat je echt wilt, en dan besluit je of dit echt hetgeen is wat je wilt. Als dat zo is, dan werk je aan de relatie, als dat niet zo is, ga je verder.

Geheim nummer 2:
Behoud wat je in je leven liefhebt. Laat los wat je niet wenst.

Een van de geheimen van jezelf liefhebben is het inzicht bezitten te weten wat je wenst en de moed hebben daaraan te werken. Het tweede deel is kwijtraken wat niet meer 'werkt' in je leven. We bedoelen daarmee niet te zeggen dat jullie allemaal je huidige relatie moeten weggooien of je baan op moeten geven. We bedoelen dat je moet kijken naar wat je in je leven gecreëerd hebt, om daarna te beslissen of je dit nog steeds wilt. Bedenk dat een aantal relaties in je leven vele jaren geleden tot stand gekomen is, toen jij heel iemand anders was. Zou je nog steeds de schoenen dragen die je tien jaar geleden kocht? Dat hangt ervan af of ze nog steeds passen, of ze nog steeds goed staan, of ze versleten zijn enzovoort. Al deze dingen nemen we in overweging wanneer we ons aankleden, en toch slepen we nog steeds relaties met ons mee die hun nut al lang overleefd hebben.

Je moet dus weten wat je wilt. Je moet terzijde leggen wat je niet wilt. Je moet de wijsheid hebben om het verschil te kennen. En je moet tot daden overgaan.

Sommigen van jullie menen misschien dat dit niet erg spiritueel is, want bij weten wat je wilt kan het ego betrokken zijn. Te velen van jullie hebben gedacht dat het begrip 'ego' betekent dat je egoïstisch of egocentrisch zou zijn. In feite is het ego een van je voornaamste hulpmiddelen om je levenswerk te kunnen bepalen. Je hoeft je niet toe te leggen op de onmogelijke taak het ego te overwinnen, want je bént deels je ego. Onthoud, dierbaren, dat je met een bepaalde reden naar de aarde gekomen bent. Dat je taak hier is volkomen mens te zijn. Dat je dient uit te zoeken waarvoor je gekomen bent, en dat je dit vervolgens dan ook dient te doen.
Er zijn op het aardse niveau vele goede boeken geschreven over hoe je je levenswerk kunt ontdekken. En deze zijn inderdaad de moeite van het lezen en gebruiken waard. Echter, vele hiervan zijn louter gericht op de lineaire benadering van de linker hersenhelft. Niets kan er ooit met deze benadering worden bereikt, behalve de balans van je kasboek opmaken misschien!

We raden jullie sterk aan onderstaande oefening te doen om vast te stellen wat je in je leven wilt.

Oefening om te weten te komen wat je wilt

Zit in stilte en sluit je ogen. Stel je voor dat je in een wereld leeft die helemaal niet lijkt op de wereld die je om je heen ziet. Misschien kun je je voorstellen dat je van een andere planeet of van een andere bestaanswereld afkomstig bent. Misschien ben je wel een engel. Stel je zeven prachtige engelen voor die naar beneden reiken om je bij de hand te nemen en je te helpen een wereld binnen te gaan vol prach-

tige kristallen, liefde, warmte en onvoorwaardelijke acceptatie. Doe alsof je critici op aarde zijn achtergebleven, want ze bestaan echt niet buiten het fysieke vlak.
Je bent kalm en vredig en verblijft nu in een ruimte waar alles mogelijk is. Misschien heb je ervoor gekozen een ruimtewezen te zijn, een engel, een lichtwezen of een andere uitingsvorm van zijn. Doe nu alsof je alles kunt doen, binnen en buiten de wereld, wat je zou willen doen. Wat zou je dan kiezen? Luister stil en kalm. Laat je logische denkvermogen het niet overnemen. Luister alleen maar.
Houd dit idee vast en verpak het in een of ander speciaal materiaal – zoals een kristal – en neem het met je mee terug naar de aarde. Je hoeft niet te weten hoe je moet doen wat je doen wilt. Koester dit idee. Behandel het als een baby'tje dat al je liefde en steun nodig heeft. En, het allerbelangrijkste, vertel je idee aan niemand, tenzij je zo gelukkig bent om iemand in je leven te kennen die jou onvoorwaardelijk liefheeft en accepteert.
Einde.

Gewoonlijk zul je, als je eenmaal weet wat je wilt, het vervolgens op een heel logische manier willen gaan bereiken. Nooit is echter iets waardevols verkregen door logisch te zijn. Ja, absoluut nooit is iets waardevols verkregen door logisch te zijn. Dit is moeilijk te geloven, niet? Toch is het volkomen waar. Dus wat is de volgende stap in het liefhebben van jezelf? Je dient te weten wat je niet wilt, wat jou niet langer dient. Voelde je je overigens niet geestdriftig en vol liefde voor jezelf, gewoon doordat je de vorige oefening gedaan hebt? Wanneer je je begint af te stemmen op je verlangens, ga je een deel van jezelf liefhebben en eerbiedigen.

Oefening om los te laten wat jou niet langer dient

Sluit weer je ogen en ga naar de plaats die je gekozen hebt, waar geen oordeel is en waar je je volkomen geaccepteerd en veilig voelt. Bedenk dat je daarnet daar was, en dat je in staat was iets te ontdekken over wat je in je leven wilde manifesteren. Dit kan de kristalwereld zijn geweest, een andere planeet of levenssfeer, of een andere niet aardse plaats. Voel hoe het is om daar te leven, ver weg van de aarde en wereldse zorgen.

Stel je voor dat je naar believen tussen deze twee werelden heen en weer kunt reizen. Je kunt elk moment het aardse niveau binnengaan zonder erdoor ingeperkt te worden. Je kunt er een moment of langer een bezoek brengen en nog steeds makkelijk en snel terugkeren naar die plaats waar helderheid en zelfacceptatie bestaan. Stel je nu voor dat je besluit de gordijnen van je leven op aarde te openen. Dat doe je nu. Je ziet de mensen om je heen, en je ziet je baan, huis, enzovoort. Alle dingen en mensen die jou dagelijks omringen. Sla een doorsnee dag van jou nu gade alsof het een tekenfilm was. Zie hoe je met anderen omgaat. Kijk hoe je dat doet. Stel je vervolgens voor dat je kunt zien dat er een licht uit je hartchakra komt. Dit licht is een goede en nauwkeurige graadmeter voor hoe gelukkig je bent. Observeer jezelf met je baas en met je werknemers of collega's. Wordt het licht helderder of doffer? Zie je zelf in het dorp, buiten of in de stad rondlopen waar je gekozen hebt te wonen. Voedt die jou? Hoe ziet je licht eruit? Schijnt het stralend of niet? Beeld jezelf nu in samen met je vrouw of man of andere liefdespartner. Wat gebeurt er met je licht? Merk louter op wat er met je licht gebeurt. Onthoud de dingen die je licht groter en helderder maakten en de dingen die ervoor zorgden dat je licht dof werd.
Je hoeft niets anders te doen dan op te merken. Dat is alles. Merk enkel op wat er in je lichaam gebeurt.
Wanneer dat goed voor je voelt, kom dan terug naar de kamer waar je dit leest of waar je hiernaar luistert, en open weer je ogen.
Einde.

Nogmaals, je hoeft niet noodzakelijkerwijs de relaties of dingen uit te bannen die je licht deden verzwakken. Je hoeft je enkel ervan bewust te zijn. Dit zijn gebieden om naar te kijken en te onderzoeken met je hart, niet met je hoofd. Als je denkt dat je een geweldige relatie met je levenspartner hebt, maar het licht werd dof toen je hiernaar keek, dan is dit iets om te onderzoeken. Houdt je hoofd je voor de gek? Wat zou je moeten doen of moeten veranderen om het licht van je hart weer helder te laten schijnen? Dit zijn dingen om te overwegen.
(Einde boodschap)

Oefening om meer vreugde en plezier in je leven te krijgen

We kunnen allemaal meer vreugde en plezier in ons leven hebben als we onszelf gewoon het genot zouden gunnen. Mini-oefeningen om meer te gaan leven:

1. Maak een lijstje van alles waarvoor je in je leven dankbaar bent.

2. Maak een lijstje van alles wat je voor je plezier doet. Tenminste vijfentwintig punten!

3. Als je alles wat je *op dit moment* wilde kon doen wat meer vreugde in je leven zou brengen, wat zou je dan doen?

4. Als jij en je liefdespartner iets heel speciaals met elkaar konden delen, wat zou dat dan zijn?

5. Als je een moeilijke periode doormaakt met iemand die je heel nabij is, maak dan eens een lijstje van alle keren dat je in het verleden echt met die persoon gelachen hebt; dat jullie samen gespeeld hebben; dat jullie werkelijk samen ergens van genoten. Hoe kun je de verwondering van die keren opnieuw in het leven roepen?

Stargate 4 – Speel voor dwaas en waag de sprong

Heb je ooit wel eens een tarotspel gezien? Er zit een kaart tussen die de dwaas genoemd wordt. Het is een onschuldige, zorgeloze kerel die heel gelukkig is en op het punt staat over de rand van een klif de afgrond in te stappen, die vlak voor hem ligt. De dwaas, zoals voorgesteld in de Rider-tarotkaarten, vertegenwoordigt een oude traditie, die teruggaat tot de hofnar wiens taak het was de koning de waarheid te vertellen en tegelijk zijn toehoorders aan het lachen te maken. De dwaas leeft van moment tot moment, zonder zich er zorgen over te maken wat het volgende moment brengen zal: bijvoorbeeld de val van de rots. Hij beseft dat het leven zelf een risico is en hij is blij zijn tocht voort te kunnen zetten, waarbij hij zijn vertrouwen in iets of iemand anders stelt, terwijl hij van het leven blijft genieten. Over zijn schouder draagt de dwaas een knapzak die gevuld is met herinneringen, ervaringen en instincten uit het verleden. Dit is alles wat hij voor zijn levensreis nodig heeft. Hij wordt vergezeld door een hondje, dat geïnterpreteerd kan worden als zijn kleine vriend en trouwe gezel.
Wanneer ik deze kaart trek weet ik altijd dat ik me twee dingen herinneren moet: mijn kinderlijke onschuld en mijn vermogen om te vertrouwen. Het is het moment om mijn onschuld en vertrouwen naar voren te laten komen. Het is het moment om risico's te nemen en niet al te analytisch te zijn, een tijd om niet naar een verborgen betekenis in een situatie te zoeken. Ik weet dat ik mijn staat van oplettendheid moet verhogen, want anders mis ik een kans om in het hier en nu iets heel vreugdevols te beleven.
Het vraagt moed om opnieuw in het leven te investeren en weer te worden als een kind. Ik herinner me hoe ik afgelopen herfst met een dierbare vriendin naar de musical *Les Misérables* ging kijken. Toen Fontine zong 'Ik had een droom', barstte ik in tranen uit. Het is een lied over jong zijn en bepaalde dromen en hooggespannen verwachtingen van een prachtig leven koesteren, en dan ouder worden en een

heel ander leven blijken te hebben dan je je had voorgesteld. Ze zingt over tijgers die in de nacht komen en onze dromen in schaamte doen verkeren. Ze zingt dat onze dromen door het leven zelf de nek om worden gedraaid. Zelfs nu, als ik naar dit lied luister, moet ik huilen.
Ik herinner me hoe mijn leven eruit behoorde te zien. Ik zou advocaat of onderwijzer worden. Ik zou een zoon en een dochter krijgen en een man die van me hield. Ik zou gelukkig zijn en op mijn huidige leeftijd zou ik ernaar uitkijken om met mijn man samen te zijn en tijd te hebben voor mijn toekomstige kleinkinderen. Vandaag de dag kan niets hiervan nog ooit gebeuren, behalve misschien het carrièredeel ervan. Mijn enige kind, een zoon, stierf in 1981; mijn man en ik gingen uit elkaar in 1983. In dit leven zit er geen kleinkind in. Zeker, ik huil om dromen die nooit uit zullen komen, en toch vind ik de kracht in mezelf om de teleurstelling en droefheid achter me te laten en te worden als de dwaas. Dat is de schoonheid van het leven. Ik kan ervoor kiezen te huilen om voorbije niet verwezenlijkte dromen of ik kan nieuwe dromen scheppen. Het kleine meisje in me kreeg niet wat ze wenste en dat dien ik te erkennen en mijn verdriet te voelen. Daarna kan ik verder gaan en het leven weer vertrouwen. Het kostte me een aantal jaren voor ik tot deze emotionele toestand geraakte, hoewel het niet zo lang had hoeven duren. Ik had op elk moment opnieuw in het leven kunnen investeren.

Heel vaak wanneer ik in een workshop het onderwerp 'vertrouwen' aansnijd, zeggen deelnemers me dat het voor mij nogal makkelijk is om te vertrouwen. Ze denken dat ik een 'goed' leven heb gehad, je weet wel, een gelukkige jeugd met ouders die van me hielden, een goede opleiding, een succesvolle carrière, ondersteunende relaties. Ze komen heel snel tot deze slotsom nadat ze me eventjes hebben gezien en gehoord. Meestal zegt iemand tegen me: 'Ja, goed, maar jij hebt mijn leven niet gehad. Het is een hel geweest en als jij mijn leven had gehad, stond je daar niet om ons te vertellen dat we moeten vertrouwen.' Ik verkneukel me wanneer dit gebeurt, omdat ik ze dan een korte opsomming van de gebeurtenissen in mijn leven kan geven, wat meestal iedereen doet verstommen.
Ik gebruik graag een hoop humor wanneer ik mijn leven vertel, zodat de 'grote, sterke' kerels niet hoeven huilen! Velen vragen me: 'Hoe kan ik weer vertrouwen en wat kan ik vertrouwen?' Ik herin-

ner me in het bijzonder een vrouw wier echtgenoot haar plotseling verlaten had om bij haar beste vriendin in te kunnen trekken. Laten we haar Sarah noemen. Sarah had er enorme problemen mee weer in het leven te investeren en weer vertrouwen te hebben. Ze vroeg: 'Hoe kan ik mannen ooit weer vertrouwen?'
Ik vroeg haar hoe ze dat niet zou kunnen. Het was duidelijk dat ze zo bang was dat ze werkelijk niets of niemand meer kon vertrouwen. Dus zei ik haar dat ik nu liefst 'heel fundamenteel' wilde worden. Ik vroeg haar een keer diep adem te halen en weer los te laten, wat ze deed. Ik vroeg haar toen zich voor te stellen dat ze niet bereid was die laatste adem weer te laten gaan, omdat er misschien geen lucht meer was om in te ademen. Sarah keek me aan of ik gek geworden was. Ik vroeg haar of ze bang was om uit te ademen omdat er wel eens geen nieuwe lucht meer zou kunnen zijn om in te ademen. Ze zei: 'Natuurlijk niet.'
Ik vroeg haar toen of ze geloofde dat er in de wereld genoeg lucht was zodat iedereen kon ademen. Ik vroeg Sarah bovendien of ze geloofde dat de samenstelling van de juiste elementen in de lucht constant zou blijven. Ze zei: 'Ja.'
Dus vroeg ik: 'Heb je voldoende vertrouwen in het leven of in het universum om te geloven dat met je volgende ademtocht je leven in stand gehouden zal worden?' Sarah antwoordde dat ze dat had. Ze ging zitten met een glimlach op haar gezicht en een nieuw uitzicht op het leven.

De Engelen spreken over vertrouwen

Jullie werden in deze wereld geboren als kleine mooie bloemknoppen. Jullie wachtten er enkel op om liefde te krijgen en werkelijk open te bloeien. Jammer genoeg waren velen van jullie er niet op voorbereid de derde dimensie te betreden. Jullie zijn lichtstralen en hebben een heel fijne delicate energie; echter, om vele redenen kozen jullie ervoor op dit speciale moment in de tijd op de planeet aarde te arriveren, om overal ter wereld nieuwe structuren te helpen scheppen. Jullie hebben wellicht grote problemen gehad om je aan de wereld en zijn gebruiken aan te passen. Je had misschien het gevoel alsof je van een andere planeet kwam, en inderdaad is dat met velen van jullie zo.

In het begin hadden jullie vertrouwen. Je herinnerde je dat je met alle informatie uit vorige levens en alle geleerde lessen keurig in je genen ingepakt aankwam. Je dacht dat het heel makkelijk was op je pad te blijven en niet te vergeten. Toen kwam je in allerlei situaties terecht, soms heel moeilijke, en je licht begon zich samen te trekken, zoals we eerder uitlegden. We maken jullie hierom geen verwijten. Het is een normale menselijke reactie. Een normale spirituele reactie zou echter zijn om open te blijven bij alles wat er gebeurt. Het kan in een tijd van crisis moeilijk zijn om je dit te herinneren. Het Chinese symbool voor crisis is tevens het symbool voor kans. Iedere crisis is in werkelijkheid een kans om meer licht en uiteindelijk meer liefde te ervaren.
(Einde boodschap).

De Engelen vertelden me toen een verhaal over vertrouwen dat ik je zo goed als ik het me herinneren kan zal navertellen. Dit verhaal gaat over een klein, onschuldig kind dat op een dag besluit naar een ver, afgelegen land te reizen, een land dat totaal onbekend was.

Er werd eens, lang geleden, in aloude tijden toen niemand zich ver van huis durfde te wagen, een klein meisje geboren. Ze was lieflijk, hoewel haar ouders dachten dat ze een beetje eigenaardig was. Ze zag er precies zo uit als de mensen die aan de andere kant woonden, in een ver, afgelegen land; toch behoorde ze wel degelijk tot dit speciale gezin. Voor haar ouders was het erg moeilijk, omdat ze nog nooit zo'n kind hadden gehad en ze hadden veel kinderen. Alle anderen gingen gewillig naar school en gedroegen zich netjes. Nooit stelden ze vreemde vragen of deden ze eigenaardige dingen. Dit kind was echter anders, dus besloten ze haar Braaarb te noemen, wat in hun taal 'vreemdeling' betekende. Nu denk je misschien dat dit niet zo ongewoon is, maar je kunt je geen voorstelling maken van de dingen die ze deed, die iedereen om haar heen werkelijk op de kast joegen. Ze stelde vragen over de mensen aan de andere kant, want ze was er zeker van dat ze bij hen hoorde. Braaarb sprak over haar 'echte' familie en wilde weten hoe lang het nog zou duren voor ze weer bij hen kon zijn. Ze vroeg wanneer de wereld eindigde en wat ze moest doen wanneer dat gebeurde. Haar moeder legde haar geduldig uit dat de wereld nooit zou eindigen, maar dat ze wel op een dag zou sterven en dat dit het eind van de wereld was. Braaarb

geloofde haar niet. Ze stelde dezelfde vragen aan haar onderwijzers en ze werd uiteindelijk naar een dokter gestuurd, die haar omschreef als anders dan iedereen en haar ouders vertelde dat ze er maar het beste van moesten maken.
Op een dag toen het meisje bijzonder gefrustreerd was omdat ze geen enkel echt theater noch een balletvoorstelling in haar dorpje gevonden had, besloot ze tot daden over te gaan. Want Braaarb herinnerde zich duidelijk een leven in het verre, afgelegen land in een vroegere tijd, waar zulke dingen heel gewoon waren. Ze staarde omhoog naar de sterren en vroeg aan de engelen of ze haar uit deze wereld wilden komen weghalen. Ze wist zeker dat er een enorme fout was begaan en dat degenen die daarvoor verantwoordelijk waren die nu ongedaan moesten maken. Ze wachtte en wachtte, tot ze op een dag groene lichten aan de hemel zag. Ze holde naar huis en vertelde haar familie dat ze een teken ontvangen had en spoedig vertrekken zou. Welnu, op dat moment geloofde niemand haar, behalve haar broer die met haar mee wilde gaan. Ze vertelde hem dat ze naar het land ging waar dromen werkelijkheid worden. Hij zei dat hij klaar was om met haar mee te gaan. Braaarb legde uit dat de reis heel veel vertrouwen vroeg. Ze zei dat hij werkelijk met heel zijn hart moest geloven dat het mogelijk was. Hij zei dat hij het probéren zou.
Braaarb zei niets. Toen de dag kwam holde ze naar haar favoriete plekje in een veldje en wachtte. Ze had een magische steen bij zich, en ze geloofde dat ze ermee met de engelen kon praten. Precies op het moment dat haar verteld was, kwamen de engelen en verliet ze het aloude land. Toen rende haar broer tevoorschijn vanaf de plek waar hij zich verborgen had gehouden en had zitten toekijken, en zei dat hij ook wilde gaan. Hij had zitten wachten om er zeker van te zijn dat ze echt vertrekken zou, voor hij naar voren was gestapt in de wei. Het licht verwijderde zich echter en de rest van zijn leven probéérde haar broer altijd iets te doen, maar hij wist nooit wat.
Braaarb leefde nog lang en gelukkig, zoals dat in een goed sprookje gaat. Ze bleef in het land waar dromen uitkomen en veranderde haar naam zelfs in een woord dat 'licht' betekent. Men zegt dat ze in dat verre land kan zijn en tegelijk op een of andere manier hier in het land dat alleen in dit verhaal bestaat. Eigenlijk vertelt men dat ze zelfs dit verhaal geschreven heeft, precies zoals jij het gelezen hebt. Dat is merkwaardig, vind je niet, maar zo is het leven.
Einde.

Dit verhaal spreekt me aan omdat ik een groot deel van mijn leven meer als Braaarbs broer ben geweest dan als zij. Ik had lange tijd het gevoel dat er iets was wat ik doen moest en ik had er geen idee van wat het was. Ik *probeerde* heel wat dingen uit en bereikte niet veel. Het schrijven van dit boek heeft ervoor gezorgd dat de vooruitzichten in mijn leven enorm veranderd zijn.

Ik had juist een onderzoek naar een potentieel project bij Euro Disney beëindigd en moest adviseren dat het deze keer nog niet van start moest gaan. Dit hield in dat ik geen ander werk had waarmee ik meteen kon beginnen. Ik vloog terug naar de Verenigde Staten om verslag uit te brengen en ging toen naar Californië waar ik gewoond had. Mijn persoonlijke bezittingen waren al ergens opgeslagen omdat ik gedacht had dat ik naar Parijs zou verhuizen! Dus logeerde ik een tijdje bij mijn moeder en ging toen in retraite in Monterey. De hele tijd vroeg ik me af wat ik hierna zou doen. O, ik vergat nog te vermelden dat een paar dagen na die meditatie mijn vriendin Anneke me vroeg het boek in Amsterdam te komen schrijven, waar ik het nu ook aan het schrijven ben. Na een paar weken leek het duidelijk dat ik naar Europa moest terugkeren. Je kunt je voorstellen hoeveel 'alsen en maren' er door mijn hoofd vlogen, vooral: wat zou er gebeuren als ik hier aankwam en er geen woorden kwamen om een boek te schrijven.

Ik had toen op 'safe' kunnen spelen en in Californië kunnen blijven, waarbij ik weer een juridische adviespraktijk had kunnen beginnen of meteen andere projecten op me had kunnen nemen. Dit zou het patroon van Braaarbs broer alleen maar verlengd hebben: geen enkel risico nemen en iets anders proberen te doen dan wat ik werkelijk wilde. Er bestaan een heleboel logische argumenten om geen risico's te nemen. Ik weet zeker dat jullie allemaal tal van redenen kunnen bedenken om niet te hoeven doen wat je werkelijk wilt. Mijn andere keuze, die de minder gebaande weg vertegenwoordigt, was hier terugkomen en het boek schrijven.

Vele innerlijke beslissingen moesten er genomen worden voor ik kon worden als Braaarb in het verhaaltje of de dwaas in het tarotspel. De belangrijkste vraag die ik mezelf bleef stellen was: wat heb ik te verliezen? Een andere visualisatie die ik vaak gebruik om helderheid te krijgen bij het nemen van beslissingen is de volgende:

Stel je voor dat je heel oud bent en in een schommelstoel zit. Je weet dat je leven spoedig ten einde loopt, aangezien je niet veel meer rond kunt lopen. Je zit te schommelen voor een gezellig vuurtje in de open haard, en misschien regent het een beetje, want het is winter. Je ogen vallen zachtjes toe wanneer je terugkijkt op je leven. Je herinnert je het moment waarop je een belangrijke beslissing in je leven moest nemen. (Hier voeg je een mogelijke beslissing in. Bijvoorbeeld: ik zou me voorstellen dat ik in Californië was en besloot om in Europa een boek te schrijven.) Je bekijkt hoe je leven zich ontrolt met de zojuist gekozen beslissing. Ben jij daar in je schommelstoel tevreden mee en voldaan over? Was het de 'juiste' beslissing? Als dat zo is, geniet dan van je beslissing die je meer op je levenspad heeft gebracht. Als dat niet zo is, keer dan terug en neem een andere beslissing en ervaar hoe dat voelt. Bedank tenslotte die vroegere versie van jezelf en keer terug naar het heden.

(Je kunt alle verschillende scenario's die je bedenken kunt aflopen, en je kunt zelfs ook wachten om te zien of zich iets anders aandient dat je niet verwacht had. Kijk altijd hoe tevreden je vroegere zelf zich voelt. Je kunt jezelf zelfs vragen of een bepaalde keuze je levensmissie zal vervullen.)

Toen ik eenmaal de beslissing genomen had naar Amsterdam te komen om het boek te schrijven, groeide mijn gevoel van vertrouwen in de Engelen en in mijzelf voortdurend. Nu voel ik me klaar om van de klif af te springen, en eigenlijk is dat nu precies wat ik aan het doen ben. Ik weet dat dit boek belangrijk voor mij en anderen is en dat ik het dien te schrijven voor mijn eigen heelwording en om mijn levensmissie te volbrengen, die eruit bestaat anderen te leiden naar hun eigen licht.

Terwijl ik bleef schrijven en vertrouwen, ontvouwden zich vele prachtige dagen. Toen ik op een dag mijn kamer binnenkwam om te schrijven, besloot ik eerst een meditatie te doen. Ik werd onmiddellijk meegevoerd naar een andere dimensie, mijn lichaam voelde aan alsof het volkomen bevroren was. Ik had dat gevoel eerder gehad: een diepe kilte die niet weggaat. Dit gebeurt bijna iedere keer als ik aan dit boek schrijf. Dit kille gevoel ging echter vergezeld van een gevoel van verdoving. Ik kreeg veel informatie over het boek. Ik had het gevoel alsof het in mijn hoofd geschreven werd en dat ik uiteindelijk op zou staan en het in tastbare vorm zou schrijven. Op dat

moment had ik niet door dat me ook een 'opdracht' gegeven werd, die een les in vertrouwen bleek te zijn.
Nadat ik in een diepe slaap gevallen was, werd ik door een vriendin van me gewekt. Er was anderhalf uur verstreken. Ik was enigszins van mijn stuk, omdat ik echt met schrijven door wilde gaan. Na enige tijd herinnerde ik mij dat ik de opdracht gekregen had naar een bepaalde brug te gaan en daar precies om drie uur te wachten. Deze brug bevindt zich twee straten verder langs de gracht waar ik verblijf, bij de volgende gracht. Ik keek op mijn horloge, het was kwart voor drie. Mijn logische verstand kwam tussenbeide en zei dat er geen enkele reden was om te gaan. Waarom zou ik mijn Engelen in zoiets onbeduidends vertrouwen? Maar hoe langer ik erover nadacht, hoe zekerder ik was dat ik moest gaan.
Ik kwam buiten adem net twee minuten voor drie aan en ik kreeg van de Engelen te horen dat ik de straat moest oversteken. Daar stond ik op de brug en keek uit over het water. Na een minuut draaide ik me om met mijn gezicht naar de straat. Tot mijn stomme verbazing werd er een klein misdrijf begaan: een jongeman had net de portemonnee van een vrouw uit haar tasje gegapt. Ze zei hem die terug te geven. De jongeman draaide zich om naar haar en zag mij staan. Ik had de instructie gekregen mijn paarse jas te dragen en mijn kristal vast te houden en dat deed ik. Alles vertraagde. De jongen gaf de vrouw rustig haar portemonnee terug. Hij stond daar, en zij ook, en geen van beiden sprak een woord. Mij was verteld niet tussenbeide te komen, maar licht te zenden en te zien dat er zich niets verkeerds had voorgedaan. Hier leerde iemand gewoon een heel grote les. Nadat hij de portemonnee teruggegeven had, stak hij *langzaam* de straat over. De vrouw begon anderen te vertellen wat er gebeurd was. De jongeman keek toe, hij bewoog niet. Een paar minuten later zette hij het op een hollen en sprong in de tram.
Mij was verteld dat ik iemand op de brug zou ontmoeten en dat die persoon mij aan mijn paarse jas herkennen zou. Ik heb het gevoel dat de paarse trilling van de jas voldoende was om een misdrijf te helpen voorkomen. De jongeman reageerde op de energie die daar voor hem werd neergezet. Niemand werd gekwetst. Dit was zo'n mooie les voor ons allen, vooral voor mij om op mijn innerlijke leiding te leren vertrouwen.
Nu kan ik mezelf inbeelden dat ik een soort supervrouw ben, met paarse mantel en kristal, die de misdaad helpt voorkomen! Ik hoef

dan tenminste niet in een telefooncel mijn kleren te verwisselen zoals superman. Ik twijfel er niet aan dat Hollywood er op een dag een film van zal maken volgens het beproefde recept: 'Engelen redden je dag.'

Dit voorval was voor mij een krachtige les. Ik stond ongeveer vier minuten op die brug, wat net lang genoeg was om te leren wat ik leren moest. Positieve energie die zonder oordeel wordt gezonden, kan de wereld veranderen. We krijgen zo vaak te horen dat we het universum of onze hogere leiding moeten vertrouwen, maar we weten niet eens wat dat precies inhoudt. Naar mijn gevoel moeten we leren onze innerlijke stem en onze ingevingen te vertrouwen, zelfs als daar geen logische reden voor is. Dat is de manier waarop we groeien en oude overtuigingspatronen doorbreken.

De Engelen spreken over vertrouwen

Vandaag had je een ervaring in vertrouwen. Het was erg zinvol daarover te schrijven, omdat het in zekere zin een tamelijk verbazingwekkende ervaring was. Er wordt op aarde veel gepraat over wantrouwen, en jammer genoeg maar erg weinig over vertrouwen. Het is wijs om geen enkele sociale structuur buiten jezelf te vertrouwen. Deze organisaties en manieren van doen zullen uiteindelijk verdwijnen. Het heeft geen zin boos te zijn over hun ineenstorting. Het is een les in vertrouwen en loslaten voor de mensheid.
Wat kun je vertrouwen? Je kunt jezelf vertrouwen. Je kunt je gevoelens en intuïtie vertrouwen. Je kunt elkaars gevoelens en intuïtie vertrouwen. Je kunt je denkvermogen níet vertrouwen, omdat het vol zit met verdraaiingen. Hoe vaak heb je niet een bepaald gevoel over iets gehad, dat je daarna door je gedachten hebt ontkracht?
Om aan jouw problemen met vertrouwen te kunnen werken moet je eerst inzien wat je wel en wat je niet kunt vertrouwen. We zeggen je nogmaals op je gevoel te vertrouwen, omdat dat rechtstreeks verbonden is met je spirituele zelf. Dit is in feite je weg terug naar je spirituele zelf. Je wordt naar een punt in je leven gevoerd waarop het duidelijk wordt dat er niets buiten jezelf is waarop je je kunt verlaten of wat je kunt vertrouwen.
Naarmate steeds meer bedrijven en wereldordes ineenstorten, zul je ertoe gedwongen worden voor alle dingen op jezelf te vertrouwen.

Diegenen van jullie die op een directe missie zijn om meer licht naar deze planeet te brengen zullen niet wachten tot er meer vormen ineengestort zijn, voordat ze gaan vertrouwen.
Voor velen van jullie is deze les bijzonder moeilijk geweest. Jullie hebben gezocht naar iets of iemand om te vertrouwen. Jullie zouden liever hebben dat iemand of iets anders verantwoordelijk is voor je leven. Het is echter zo, dat jullie zelf alles in je leven geschapen hebben. Je mag er ook op vertrouwen dat je gedachten scheppen wat je ervaart.

Sommigen van jullie, waarschijnlijk de meesten, maken nog steeds geen duidelijk onderscheid tussen een gevoel en een gedachte. Ergens onderweg zijn jullie in verwarring geraakt, misschien door het New-Age-denken. Het is goed om eraan te werken je gedachten te veranderen en je innerlijke houding te helen, maar deze methode kan je slechts tot een bepaald punt brengen. Het is het eerste peuterstapje in een wereld vol joggers. We willen je eraan herinneren niet ergens onderweg te blijven steken in een stap of een proces. Laat de methode weer los zodra je geleerd hebt wat nodig is, en ga verder. Op deze wijze zul je de meeste vooruitgang boeken en aankomen op de plaats waar je alle dingen weet met je hart.
We geven deze boodschappen niet om iemand te verontrusten of te ontmoedigen: het is om jullie te helpen begrijpen dat de weg lang is en de tijd van wezenlijk belang. Jullie denkvermogen valt buiten heelwording, het zijn jullie hart en emoties die geheeld kunnen worden. Begrijp je dat? Jullie denkvermogen kan nooit geheeld worden als niet eerst je hart open is en je alle emoties doormaakt. Laat je hoofd geen geintjes uithalen met je hart.
Op het moment dat je een bepaald gevoel hebt, schenk er dan aandacht aan. Dit gevoel zal afkomstig zijn uit je zonnevlecht, je hart of je buik. Misschien is in het begin het enige wat je kunt doen, erkennen dat er iets in je lichaam gek of eigenaardig voelt. Dit is vooruitgang. Laat je hoofd je er niet van overtuigen dat je indigestie hebt! Blijf bij je gevoel van onbehagen. Vraag aan je lichaam of het onbekende gevoel wat het je probeert te zeggen.
Het vraagt oneindige moed om bij gevoelens te blijven, vooral als je gewend bent ze te ontkennen. Soms is er groot onbehagen, maar dit is het enige dat je werkelijk vertrouwen kunt, naast je intuïtie en de boodschappen van je gidsen, hoger zelf of geestelijke wezens. Het is

een hele klus om je hoofd te beletten je gevoelens in diskrediet te brengen.
Velen van jullie kennen bijvoorbeeld de uitspraak dat je nooit overstuur bent om de reden waarom je dat denkt te zijn. Dit is in één zin absoluut waar: je kunt nooit denken en ontdekken waarom je overstuur bent. Velen van jullie menen dat als je toch nooit overstuur bent om de reden waarom je dat denkt te zijn, het idioot is je om welke situatie dan ook nog overstuur te maken, aangezien dat toch niet de ware reden is. Dit is een misvatting. Blijf bij je gevoel van overstuur zijn, zelfs als je gelooft dat het niet de ware reden is. Dit zal je ertoe brengen de emotie te voelen en het zal je helpen snel te begrijpen wat je gidsen je te vertellen hebben.
(Einde boodschap)

Wanneer we gelukkig en vredig zijn is het voor ons allen makkelijk ons goed te voelen over onszelf. Dat wordt moeilijker wanneer we gevoelens en emoties ervaren die we als negatief beschouwen. We moeten leren om, wat er ook gebeurt, bij de gevoelens te blijven en onszelf de kans te geven diep in ons hart te voelen. Wanneer we alle barrières slechten die ons verhinderen om angst, woede en andere emoties die we als 'negatief' betiteld hebben, te voelen, dan zijn we in staat om werkelijke vooruitgang te boeken in onze emotionele groei. Een van de grootste hinderpalen om onze emoties te voelen is onze overtuiging dat het verkeerd is bepaalde dingen te voelen.
Wanneer we ons begeven naar een plek in onszelf waar we accepteren, ontdekken we dat gevoelens slechts zíjn – ze bestaan en zijn goed noch slecht. Alle gevoelens zijn toegestaan en acceptabel. Als volwassenen moeten we ons bewust zijn van de mogelijke consequenties van het uiten van onze gevoelens, daarom hándelen wij natuurlijk niet op iedere impuls. Maar dat verhindert ons niet, onze emoties diep te vóelen. Als we blijven bij wat we voelen en het niet op anderen projecteren, zullen we in staat zijn ons snel door diepe en moeilijke emoties heen te werken die misschien jarenlang begraven zijn geweest.
In de workshops die ik geef roep ik graag iemand naar voren die dan speelt alsof hij angst of woede is. Ik kies meestal een heel groot iemand uit. Dan probeer ik hem te negeren en hij wordt alsmaar groter om mijn aandacht te trekken. Als ik probeer hem weg te duwen, is dat niet mogelijk. Wanneer ik van hem houd en hem accepteer, ge-

draagt hij zich redelijk en is niet zo schrikaanjagend. Dit lijkt iedereen te helpen om het belang van het accepteren van zijn gevoelens in te zien.

Niet zo lang geleden had ik een bijzonder diepe, heilzame ervaring door bij mijn gevoelens te blijven en mezelf de gelegenheid te geven ze heel diep te voelen.

Ik keerde naar Californië terug omdat er iets niet goed zat tussen mij en een van mijn vrienden. We hadden een kortstondige vriendschap, die op een aantal heel belangrijke punten niet bleek te werken. Ongeveer zes maanden daarvoor had ik hem woedend verlaten. Enkele maanden later vertrok ik naar Europa, en was hij zo vriendelijk me naar het vliegveld te rijden. Ik voelde me emotioneel vastzitten, en toen we elkaar omhelsden bij het afscheid ging mijn hart open en huilde ik een beetje; dat deed hij ook.

Ik 'vergat' dit voorval. De volgende reis terug naar Europa vroeg ik hem op mijn auto te passen. Hij stemde daarmee in en we ontmoetten elkaar voor een kopje thee. Ik wilde hem vragen wat volgens hem het huilen op de luchthaven te betekenen had. Op dat moment begon ik te huilen en te snikken. We gingen het café uit. Ik was mijn gevoelens niet meer de baas. Met andere woorden, ik verloor alle controle midden op straat! Dit huilen was onbeheersbaar en volkomen onverwacht. Weer gingen we uit elkaar. Ditmaal moest hij een vliegtuig halen.

Een paar dagen later vertrok ik naar Londen. Na twee weken in Europa keerde ik terug naar de Verenigde Staten voor een conferentie waar ik een lezing moest houden. Mijn ticket kon zonder onkosten makkelijk gewijzigd worden, zodat ik vanuit het Midwesten naar San Francisco kon gaan. Ik heb gemerkt dat dit soort dingen altijd werkt als we geacht worden ergens te zijn.

We brachten een paar dagen met elkaar door, waarbij ik een groot deel van de tijd huilde. Ik herinner me de tweede avond toen we zaten te dineren en ik zat te huilen. Ik kon alleen maar aan het woord 'pappie' denken. Het leek wel of iedere keer als ik mijn opgetogenheid over iets uitte, mijn vriend daar anders over dacht of mijn enthousiasme temperde. We wisten allebei dat dit mijn probleem was en niet het zijne. Het had niets met hem te maken, nochtans bleef ik bij de droevige gevoelens.

Nadat ik die avond teruggekeerd was naar het appartement van mijn vriendin, bleef ik maar nadenken over wat ik aan het verwerken was. Ik bleef het gevoel houden dat mijn vriend me niet accepteerde (hoewel ik wist dat dit niet het werkelijke punt was). Ik bleef dit voelen. Ten slotte besefte ik 's nachts wat er eigenlijk aan de hand was. Ik herinnerde me de keer dat de zus van mijn vader en haar man op zondagavond bij ons kwamen eten. Ik sloeg mijn armen om mijn tante heen en zei haar hoe vervelend ik het voor haar vond dat haar hondje overleden was. Op dat moment sloeg iedereen op tilt, en mijn tante begon op hetzelfde moment te gillen en te huilen. Later kwam ik erachter dat ze niemand iets verteld had over de dood van haar hondje. Mijn vader sprak me ernstig toe over dingen zien die er niet waren. Hij zei me dat, hoewel hij me geloofde, het beter was over zulke dingen te zwijgen. In deze periode begon ik ook een bril nodig te hebben om ver weg goed te kunnen zien.

Ik gaf daar de verkeerde interpretatie aan dat het betekende dat ik niet oké was. Dus telkens wanneer het kleine kind in mij iets probeerde uit te drukken en een man was het daar niet mee eens, maakte het die oude herinnering wakker. Het ervaren van de pijn van de huidige situatie was er echter voor nodig om te begrijpen wat er werkelijk uit mijn emotionele lichaam gezuiverd werd.

Als ik besloten had om vredig te zijn in plaats van de feitelijke pijn en het onbehagen te voelen, dan bleef ik mijn emoties onderdrukken en zou ik vast zijn blijven zitten. Het is prima om vrede te kiezen, maar alleen als je vredig bent!

Ik ben deze dierbare vriend erg dankbaar dat hij bij me was toen ik me liet gaan en ik me onbehaaglijk voelde. Hij probeerde me niet op andere gedachten te brengen. Hij bleef bij me in mijn hart. Dit is de plek waar werkelijke verbondenheid plaatsvindt. Ik geloof dat we altijd een speciale band zullen houden.

In dit ene moment was ik in staat mijn gevoelens te vertrouwen en bij mijn gevoel te blijven, in de wetenschap dat dit de weg is naar groter mededogen en begrip voor mijzelf en anderen. Ik ben er zeker van dat mijn healingwerk door deze ervaring diepgaand beïnvloed zal worden.

Methoden om onderscheid te maken tussen gedachten en gevoelens

1. *Je aandacht richten.* Adem een paar maal diep in en uit. Zit heel stil en wacht. Richt je hele aandacht op wat niet duidelijk voor je is, misschien probeer je een beslissing te nemen of misschien ben je onzeker over hoe jij je in een bepaalde situatie voelt. Concentreer je ademhaling op het gebied rond je keel. Richt daar al je aandacht op. Misschien wil je zelfs je hand zachtjes op je hals leggen.
Denk nu aan hetgeen waarover je helderheid wilt krijgen. Wacht of er een gedachte of gevoel in je opkomt. Let nu op, dat is heel belangrijk, vanuit welke richting het komt wanneer het je keel passeert. Is het afkomstig van een plek boven of onder je keel? Gevoelens komen altijd vanuit een plek onder je schouderlijn!

2. *Je verstand verliezen.* Soms zijn je gedachten en gevoelens zo met elkaar vermengd dat je niet kunt uitmaken wat je voelt. Stel je voor dat je 'je hoofd kunt afzetten'. Doe een paar minuten lang alsof je je hoofd los kunt schroeven en zet het in de stoel naast je. Doe dit. Wat blijft er over? Wat 'denk' je nu wat je niet kunt denken omdat je hoofd los is? Denk niet over wat je voelt, voel het gewoon. Nu je 'je hoofd verloren hebt', of helemaal 'je verstand kwijt bent', kun je verbaasd zijn over wat je werkelijk voelt.

3. *Dans het, teken het, schrijf het op!* Dit is een driestapsoefening die het lichaam, het denken en de geest omvat. Het begint met bewegen, dan tekenen en ten slotte schrijven. Het is een goed idee om voor je begint alles wat je voor alle stappen nodig hebt bijeen te brengen. Dit houdt in: dat je muziek uitgekozen hebt, dat je makkelijke kleren aan hebt, dat je alle tekenbenodigdheden zoals kleurpotloden of verf en papier klaar hebt liggen, alsook papier en een potlood of pen om daarna te schrijven.

Lees alsjeblieft eerst de hele oefening voordat je eraan begint. Deze oefeningen zijn ontworpen om je te helpen gevoelens op een andere manier te ervaren.

Stap 1: Laten we eens even naar beweging kijken. Als je al gewend bent om te bewegen heb je misschien geen muziek nodig, maar diegenen van jullie voor wie dit nieuw is raad ik aan een muziekstuk uit te kiezen. Doe dit door rustig naar je bandjes of CD's te kijken. Pak niet meteen je favoriete muziek. Neem die waartoe je je het meest aangetrokken voelt, op welke wijze die zichzelf ook maar aan je kenbaar maakt. Zet de muziek op en neem waar wat je lichaam wil doen, maar doe het nog niet, sla het alleen enkele ogenblikken gade. Begin dan pas te bewegen en merk op welke gevoelens naar boven komen. Dit kan verrassend en bijzonder krachtig zijn, omdat beweging aan het logische verstand voorbijgaat.

Stap 2: Bij tekenen wordt een soortgelijke methode gehanteerd, waaraan veel informatie kan worden ontleend. Leg een stuk papier voor je neer, met een keur aan kleurpotloden, viltstiften, kleurkrijt enzovoort. Gebruik dat tekenmateriaal waar je je prettig bij voelt. Let vervolgens op welke kleuren je aanspreken en begin daarmee. Zet de pen op een plek op het papier waar dat goed lijkt en kijk waar de kleur je mee naartoe neemt. Je hebt niet de bedoeling iets te tekenen. Kijk ieder moment naar de kleur. Wees met je aandacht aanwezig bij het punt waar de kleur het papier raakt: loop in je gedachten niet vooruit en vraag je niet af wat je aan het doen bent. Dit is volkomen onbelangrijk. De ervaring is wat telt. Let op wat je voelt. Deze oefening brengt vaak angsten over onwaardig zijn en zelfveroordeling omhoog. Blijf bij die gevoelens. Je zult versteld staan over hoe onthullend deze tekeningen kunnen zijn.

Stap 3: Nu je de eerste twee stappen hebt ervaren, is het tijd om op te schrijven wat je voelde. Je kunt dit in de vorm van poëzie doen of in elke andere vorm die prettig voelt. Welke punten zijn er voor je naar boven gekomen? Hoe voelde het om te dansen of te bewegen? Veroordeelde je jezelf? Had je er plezier in en deed je dit met vreugde?

Stargate 5 – Doe het gewoon!

Er vindt iets buitengewoons plaats, het lijkt wel of de tijd deze dagen ongewone dingen doet. Een aantal van mijn vrienden heeft verteld dat voor hen bepaalde dagen wel een week lijken en dat andere dagen ongeveer een uur lijken te duren. Ook ik heb die wisseling in mijn waarneming van de tijd opgemerkt. We ondergaan veranderingen in onze waarneming en vele emotionele zuiveringen, die ons de gelegenheid geven ons in de werkelijkheid van de vierde dimensie te begeven. Soms merk ik op dat mijn hartslag zomaar zonder duidelijk aanwijsbare reden versnelt, of dat ik plotsklaps smacht naar zout of een ander soort voedsel waar ik mijn hele leven nog nooit naar getaald heb. Aanvankelijk dacht ik dat dit iets was wat alleen mij overkwam, maar vele andere mensen hebben soortgelijke ervaringen gemeld.

> Wanneer energie van een hogere dimensie ons wezen begint te doordringen, kunnen we verwachten dat we lichamelijke signalen krijgen.

Een van mijn vrienden vertelde me over een gouden ster aan de hemel die naar beneden kwam en hem met gouden lichtstralen omgaf. Hij zei dat hij het gevoel had alsof hij zo in de ster kon opgaan en naar een andere dimensie kon overgaan. Een andere vriend vertelde dat hij door ruimtewezens werd bezocht. Ikzelf heb een wolk in de vorm van een schijf gezien die recht boven mijn hoofd kwam hangen en precies in het midden in de vorm van een hart opening. Ook ik had het gevoel dat ik er zo doorheen kon stappen naar een andere tijd en ruimte. Onlangs zag ik engelen dansen buiten het raampje van het vliegtuigje waarmee ik naar Michigan vloog. Dit soort ervaringen treedt overal op. Ik vind het niet meer ongewoon wanneer mensen over zulke fenomenen praten alsof het algemene, alledaagse gebeurtenissen zijn. Wat me werkelijk verbaast is dat ook niemand anders het ongewoon vindt. En deze mensen zijn 'respectabele' advocaten, artsen en therapeuten uit elk deel van de wereld, niet alleen maar uit Californië, dat een reputatie van ongewone mensen heeft. Het blijkt dat er een verschuiving in het opnemen van nieuwe gegevens plaatsvindt. Er worden steeds meer boeken geschreven over wezens uit andere dimensies en er is beslist een toename in het aantal boeken met gechanneld materiaal. Dit gebeurt allemaal omdat het tijd is dat wij tot actie overgaan. Jaren geleden zag ik een lijnenpatroon over de aarde waarin mensen van over de hele wereld met elkaar verbonden waren in een soort engelennetwerk. Afgelopen maand ben ik in een conferentie voor tweehonderdvijftig mensen opgestaan en heb ik mijn visioen uitgelegd, dat toen nog verfijnder was, hoewel het in essentie hetzelfde visioen bleef. Iedereen luisterde en velen meenden dat dit een prachtige manier was om je een voorstelling te maken van de structuur van toekomstige nieuwe organisaties.

Nu is de tijd gekomen voor ons allemaal om actie te ondernemen. De afgelopen ruim twintig jaar zijn we bezig geweest om spirituele kennis in ons op te nemen, hebben we naar lezingen geluisterd, aan workshops deelgenomen en boeken gelezen, en nu moeten we onze spirituele kennis in daden omzetten. Dit is wat ik met 'praktische spiritualiteit' bedoel. Het is nu tijd dat we 'leven naar onze leer.'

Liever dan de waarheid op nog weer een andere manier te horen, wensen we manieren om uit te voeren wat we als waarheid kennen. Er valt erg weinig nieuws te weten. Het is tijd om het *gewoon te doen*!

We moeten in dit stadium van onze evolutie voorzichtig zijn met weten wanneer we moeten handelen en welke handeling we wanneer moeten verrichten. Het is belangrijk om onderscheid te maken tussen 'authentieke actie' en een handeling die voortkomt uit gewoonte of die van ons wordt verwacht. Wanneer we op het punt staan iets te doen wat invloed zal hebben op ons levenspad, dan moeten we onszelf afvragen of dit werkelijk is wat we voelen dat we moeten doen. Is dit iets wat diep van binnenuit komt, of zijn we slechts een rol aan het spelen die ons door iemand anders is opgelegd? We dienen ons bewust te zijn wanneer we op iemand of iets *reageren* en wanneer we zelf *tot actie overgaan*. Dat is een groot verschil. We moeten naar onze innerlijke leiding luisteren en dan de moed hebben die te volgen, zelfs als het onzinnig lijkt.

Stel je eens voor dat je naar de aarde bent gekomen om iets specifieks te zijn, laten we zeggen een prachtige roos. Nu kan het zijn, dat toen je geboren werd, je ouders iets anders wilden, laten we zeggen een pereboom. Je kunt je hele leven tot nu toe geprobeerd hebben om de allerbeste pereboom te zijn waartoe je in staat bent, maar je zult merken dat je altijd tekortschiet. Het avontuur van het leven is uit te zoeken wie je bent, waarom je gekomen bent, en dat dan uit te voeren.

Hoe word je authentiek? Stap voor stap. Als je het gevoel hebt dat je wilt tekenen of zingen, doe deze simpele dingen dan ook. Wat je wilt doen, wat je graag doet, het zijn allemaal sleutels die je helpen om op je rechtmatige pad te komen. Ik vertel de mensen die naar me toe komen dat ze moeten luisteren naar wat ze denken en voelen dat het beste voor ze is, en dat dan ook te doen. Ik ben ontzet over de 'goede raad' die therapeuten en anderen beroepshalve aan mensen geven. Cliënten hebben ongelooflijke dingen aan me gemeld. Een vrouw werd geadviseerd om op de versiertoer te gaan, hoewel zij zelf daar helemaal niet voor voelde. Mensen wordt opeens verteld om een relatie te beëindigen, en wel meteen. Anderen krijgen te horen dat ze nooit kinderen zullen krijgen of dat ze zoveel karma uit vorige levens hebben dat ze moeite zullen hebben dat allemaal te verwerken. Al deze gedachten zijn beperkend.

Ik heb ontdekt dat het belangrijk is om het innerlijk gebied van die ander te ontdekken, zo goed als ik kan, en dan rustig met hem of haar mee te wandelen. Ik kan nooit die ander zijn, ik zal nooit weten hoe het is om iemand anders te zijn, en ik kan niet weten wat voor iemand anders goed is om met zijn of haar leven te doen. Het enige waardevolle wat ik kan doen is mensen helpen zich van hun pad bewust te worden, ze te steunen om anders naar de omstandigheden te kijken, ze te laten weten dat ze keuzes kunnen maken, en op mogelijke deuren te wijzen waar ze doorheen kunnen gaan. Uiteindelijk moet ieder van ons leven naar zijn leer. We gaan ons levenspad alleen. De liefde van iemand anders kan ons steunen, maar evengoed is het onze eigen unieke reis. Mijn beste vrienden zijn degenen die zeggen: 'Ga erop af!' en niet degenen die me waarschuwen voor alle valkuilen onderweg.

Mijn innerlijke leiding zal me duidelijk maken of ik luister naar mijn eigen hoger zelf of naar de inspiratie van engelen, of dat ik luister naar de mening van iemand anders over wat ik zou moeten doen. Het is niet altijd even eenvoudig die twee uit elkaar te houden.

Pas wanneer ik rustig word en in mijn centrum ben, kan ik het beste luisteren. Wanneer ik me terugtrek uit de wereld van alledag en mijn aandacht naar binnen richt, ben ik in staat te onderscheiden wat ik vervolgens doen moet. Leren wachten en geduldig zijn is erg belangrijk. Als ik luister en verward ben over wat ik moet ondernemen, dan verroer ik me niet, zelfs als iedereen om me heen vindt dat ik dat wel moet. Het is verbazend hoeveel omstandigheden en problemen die onoverkomelijk lijken, simpelweg verdwijnen. Dit zeg ik niet om uitstel aan te moedigen, maar alleen om het idee kracht bij te zetten dat innerlijke leiding echt is en beluisterd en gevolgd dient te worden. Wanneer we onze eigen leiding volgen, gaan we veel sneller vooruit dan wanneer we naar iemand anders luisteren. Hoe minder omwegen we maken, des te sneller komen we op onze bestemming aan!

Een groot deel van mijn leven heb ik geprobeerd iets te zijn dat ik niet ben, of anderen te maken tot iets wat ik wilde. De volgende komische tekening is ook serieus bedoeld. Soms, heb ik ontdekt, zijn de eenvoudigste waarheden de beste leraren. Telkens wanneer ik op het punt sta iets te gaan ondernemen, vraag ik me nu af of het bij mijn aard past het te doen. Belangrijker nog, wanneer ik met iemand een relatie heb en me erop betrap te wensen dat het mogelijk was die ander te veranderen, zodat die openhartiger zou zijn over zijn gevoelens of wat dan ook, dan breng ik me deze tekening weer in herinnering. Ze is me op vele, vele momenten in mijn leven van dienst geweest, dus laat ik haar graag aan jullie zien.

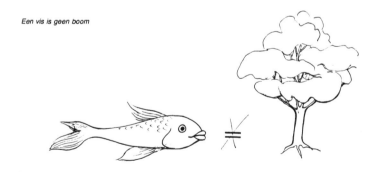

Een vis is geen boom

De Engelen spreken over de dringende noodzaak je rechtmatige plek in te nemen

Voor ieder van jullie bestaat de dringende noodzaak nu je plaats in te nemen in het Goddelijke Plan. Dierbaren, jullie dienen diep in jezelf te zoeken en snel te ontdekken wie jullie zijn, en je opnieuw te herinneren wat je individuele missie is. Voor dit decennium was er tijd om te studeren en verschillende soorten healing te onderzoeken en vele workshops te bezoeken. Nu moeten diegenen van jullie die diep in zichzelf weten dat ze lichtdragers zijn, echter hun rechtmatige plaats innemen.
We weten dat er weerstand zal zijn. Jullie leven zal in sommige gevallen totaal ondersteboven worden gegooid. Dit kan moeilijk lijken, toch is het noodzakelijk. Sommigen van jullie zullen niet de tijd hebben een belangrijke rol te spelen bij het zich ontvouwen van het plan en nog steeds alleen maar 'werken om de kost te verdienen'. Jullie behoeven niet te werken in de traditionele zin van het woord. We geven je toestemming om te stoppen met alles wat je doet als je daarin geen vreugde vindt. Er zal voor je gezorgd worden. In het universum bestaat er overvloed, en het komt jullie toe deel te nemen aan de nooit eindigende stroom. Alles wat je voor je materiële gemak nodig hebt is op het aardse vlak aanwezig. Als je bijvoorbeeld een nieuwe auto nodig hebt, bedenk dan eens hoeveel auto's er op het oppervlak der aarde rondrijden. Komt jou dan niet een ervan toe? Stap naar voren en neem wat jou rechtmatig toekomt. Jullie allen komt alles toe wat jullie nodig hebben. Jullie hoeven niet meer te lijden.
Onthoud dat je zoveel mogelijk harmonieuze gedachten hebt. Neem je gedachten in ogenschouw en staak alle strijdige of tegengestelde gedachten. Laat deze eventuele gedachten aan ons over. We zullen je helpen te manifesteren wat je ook maar nodig hebt of wenst. Dierbaren, heb je je ooit wel eens afgevraagd waarom je iets bepaalds wilde? De auteur van dit boek bijvoorbeeld heeft altijd in Europa willen wonen. Is dat gewoon zomaar voor haar plezier? Nee, het plan ontvouwt zich voor haar en dat omvat wonen in Europa. Je wensen richten je op je pad. Als je altijd al ergens hebt willen wonen of iets hebt willen doen, vooruit, DOE HET GEWOON! Wat is het ergste dat je overkomen kan? Je vindt het misschien leuk. Je hebt er misschien plezier in! Bedenk dat je altijd weer van gedachten kunt veranderen.

Kijk eens rond in het bos. Zie je daar bomen staan die tegen elkaar zeggen dat ze geen bladeren verdienen? Zie je bomen staan klagen dat ze niet zoveel bladeren hebben als de boom ernaast? Nee, natuurlijk niet. Waarom? Omdat er een Goddelijk Plan is dat bomen en alle levende wezens omvat. Jullie zijn de enigen op aarde die zich zorgen maken of ze wel geld hebben om te eten. Heb je er ooit wel eens aan gedacht dat voedsel en onderdak misschien niet gekocht hoeven te worden? Dat er misschien een kracht is, groter dan jijzelf, die je alles verschaft? Dat er werkelijk engelen zijn die op je letten? Denk eens aan alle mogelijkheden in de wereld. Wanneer je bijvoorbeeld een supermarkt binnengaat, denk je er niet over al het gebodene te kopen. Er staan dingen in de supermarkt die je gewoon niet in je huis wilt hebben. Stel je eens voor dat je alles uit de winkel kon hebben, op elk gewenst moment. Zo werkt het universum. Dit is de kracht van harmonieuze gedachten. Je moet je openstellen voor alle mogelijkheden.

Geheim nummer 3:
Wees dankbaar voor wat je hebt. Vraag om wat je wenst.

Hoe zul je weten dat je gekregen hebt wat je wenste, als je niet eerst weet wat je wilt? Heb je daar wel eens aan gedacht?

Het is van het hoogste belang dat je je dromen volgt en exact krijgt wat je wilt, en precies doet wat je wilt, omdat op deze manier het Goddelijke Plan zich ontvouwen kan. Als je om wat voor reden dan ook – angst, onzekerheid, gebrek aan eigenwaarde – verhindert dat allerlei mogelijkheden zich in je leven voordoen, dan blokkeer je het ontplooien van het plan zelf. Binnen het plan bestaat er voor ieder van jullie het verlangen om jezelf te verwezenlijken, om in alles wat je nodig hebt voorzien te worden, en om compleet vervuld en gelukkig te zijn. Hoe kan dit plan zich ontvouwen als jullie je eigen wensen, verlangens en succes in de weg staan? Dierbaren, zie je de dringende noodzaak om aan jezelf te werken, om je houding te veranderen en om je gevoelens te ervaren en op te helderen?
Onthoud, nu is de tijd. Dit is het moment om de beslissing te nemen je hart te volgen en je dromen te verwezenlijken. Waarom denk je dat je als kind vol dromen zat? Dat was het tijdstip waarop je het dichtst bij de kennis van je individuele missie stond. Het is geen toe-

val dat je juist deze dromen had. Denk eens terug aan toen je kind was. Wat was het dat je toen wenste? Wat waren de dingen waar je opgetogen over raakte? Waar wilde je naar toe? Als je altijd in een ander continent of land wilde zijn, dan is daar een reden voor.
Vertrouw je intuïtie. Sommigen van jullie moeten een reis over grote afstand maken, zowel binnenwaarts als buitenwaarts, om je bestemming te bereiken. Misschien moet je vele, vele tochten maken op wegen die dood lopen, en moet je verschillende wegen blijven gaan tot je die van jou ontdekt. Niemand anders kan je vertellen wat je moet doen. Tenslotte ben jij degene die alle beslissingen over jouw leven moet nemen. Je kunt deskundigen raadplegen en naar vrienden luisteren, maar uiteindelijk ben jij degene die jouw leven moet leiden. Dat kan niemand anders. Denk hier de volgende keer eens aan, wanneer je voor een beslissing, een splitsing van wegen staat. Het is jouw leven. Je ondervindt vele mogelijkheden om de terugweg te aanvaarden naar de Bron van Al Wat Is. Laat je niet overhalen door de gedachten of gevoelens van iemand anders. Jij kent jouw eigen terugweg. Je bezit alle informatie en kennis die nodig zijn om de reis te maken. Daar zijn wij zeker van.
Denk je echt dat je minder goed toegerust naar de aarde komt dan bijvoorbeeld trekvogels? Hoe zinnig zou dat zijn? Jullie zijn degenen die hier heel lang geleden zijn geplaatst om te beginnen met het proces om het bewustzijn van de aarde naar een dusdanig hoog niveau te brengen dat het zichzelf kan transformeren. Jullie zijn allemaal gelijk. Jullie zijn allemaal verantwoordelijk voor de weg naar huis: voor jezelf en voor ieder ander. Jullie zijn verantwoordelijk voor het bewustzijn genaamd Planeet Aarde. De aarde reageert op jullie gedachten. Ze is rechtstreeks verbonden met jou en met wat je denkt en doet. Er bestaat geen gescheidenheid. Jullie gaan allemaal samen naar huis, of er gaat niemand naar huis.

Begrijpen jullie nu de ernst van de zaak?
(Einde boodschap)

Geleide visualisatie: Herinner je je kinderdromen

Bereid jezelf voor op ontspanning en visualisatie.
Voel hoe je hier in de kamer op een stoel zit of op je bed ligt. Voel alleen maar hoe behaaglijk en vredig je bent, wanneer je hier en nu aanwezig bent. Luister naar de geluiden om je heen en laat ze gaan. Stel je nu voor dat je voor een magische lift staat en dat deze lift je terug kan brengen in de tijd. Als je eenmaal in de lift stapt, heb je volledige zeggenschap over waar je heen gaat en hoe lang je er verblijft. Je kijkt naar de drukknoppen voor de verschillende etages en ontdekt dat ze heel speciaal zijn. In plaats van etagenummers zijn er leeftijden op aangegeven. Zo staat op de eerste knop bijvoorbeeld vijf tot acht jaar en op de tweede negen tot elf jaar. Hoe dan ook, ik weet niet precies wat er op de knoppen in jouw lift staat, omdat jij volledig de leiding hebt. Je voelt nu dat je op een ervan wilt drukken, wat ervoor zal zorgen dat de lift je meeneemt naar een erg gelukkige en positieve periode in je leven. Dat kan zijn toen je erg jong was, of misschien wat later toen je een tiener was. Hoe dan ook, ga je gang en druk op een knop en onderga de beweging van je lift wanneer die je meeneemt terug in de tijd. Tijd die je eens doorleefd hebt en die nu weer makkelijk toegankelijk is.

Wanneer de deur opengaat, stap je de uit lift en zie je jezelf op de leeftijd die op de knop stond die je hebt ingedrukt. Neem er een ogenblik voor om rond te kijken en je te oriënteren. Kijk naar de kleren die je draagt en wat je aan het doen bent. Misschien ben je ergens aan het spelen en misschien zijn er ook een paar van je vriendjes of vriendinnetjes, of misschien bevind je je op een familiefeestje of maak je een uitstapje. Misschien tref je jezelf aan in een situatie die je je in lange tijd niet meer herinnerd hebt. Neem er dus een paar minuten voor om er werkelijk van te genieten dat je daar bent. Snuif de geuren van je jeugd op en geniet van de fijne gevoelens van die periode.

Loop nu langzaam op het kleine kind af dat jij eens was en ga naast dat kind zitten. Misschien wil je ook dat het kind op je schoot komt zitten, en dat is natuurlijk prima. Ga je gang en maak contact met je kleine kind, op de manier die bij je lijkt te passen. Merk op hoe leuk je was en hoe zorgeloos. Misschien was je toentertijd zeker van je dromen. Vraag het kind wat het hoopt te worden wanneer het groot is. Luister met liefde. Vraag je kind wat het 't liefst van alles wil dat in zijn leven gebeurt. Vraag het wat het zien wil en waar het heen wil gaan. Vraag het of het weet waarom het deze keer naar de aarde gekomen is. Vraag het wat het aan zichzelf liefheeft en waar het goed in is. Achterhaal wat je kind graag doet, wat het opwindend vindt. Neem er dan nu ruim de tijd voor naar je kind te luisteren en het te bedanken voor alle inzichten en hulp die het je gegeven heeft om je in je leven vandaag in de juiste richting te zetten. Erken de wijsheid in je kind.

Bedank na een poosje je kind voor al deze bruikbare informatie en begin met afscheid nemen. Begin zachtjes, wanneer dat goed voelt, je kind fysiek achter te laten in de tijd en plaats waar je het gevonden hebt. Kijk toe hoe je kind terugkeert naar zijn spel of deelneemt aan waar het mee bezig was toen jij uit de lift stapte.

Zie jezelf nu weer de speciale lift naderen en zie hoe de deur ervan opengaat. Kijk voor het laatst even om naar het kind dat je eens geweest bent en zeg het liefdevol goedendag, wanneer de deur begint te sluiten. Wederom bevind je je in je heel eigen speciale lift. Het is nu de tijd om de knop van je huidige leeftijd in te drukken en terug te keren naar de tegenwoordige tijd en ruimte. Dit doe je, terwijl je weet dat je op elk moment ervoor kunt kiezen nog een keer een reisje te maken met je heel eigen speciale lift naar een andere periode van je leven, of zelfs naar dezelfde. Je herinnert je teder alle dingen die je kind je verteld heeft, terwijl je merkt dat je terugkeert naar je huidige leeftijd en levenssituatie.

Het lichtje van de lift geeft een teken dat je weer terug bent in het heden. Je stapt uit de lift en treft jezelf weer aan in je stoel of liggend op je bed. Neem een paar minuten om weer terug te komen in de kamer.

Misschien voel je de behoefte een paar dingen op te schrijven over deze reis zodat je die later kunt terugroepen en ermee aan het werk kunt gaan.

Stargate 6 – Sta op en neem je verantwoordelijkheid

De film *The Dead Poets' Society* had grote invloed op mij, vooral het eind toen de professor ontslagen werd en hij zijn spullen uit zijn klaslokaal kwam halen. Uit erkentelijkheid voor deze man en zijn lesmethoden stonden velen van de studenten op hun lessenaar. Ze gingen rechtstreeks in tegen de orders van de nieuwe docent die wilde dat ze van hun lessenaars afkwamen en zich netjes gedroegen. Die vorige leraar had degenen die op hun lessenaar stonden, geïnspireerd zichzelf te zijn. Ze hadden de boodschap begrepen, dat ze moesten staan voor wat ze geloofden en dat ze op een authentieke manier moesten leven. Na het zien van deze film besloot ik met meer passie te leven en mijn zoektocht naar individualiteit voort te zetten.
Op een bepaald punt in ons leven moeten we, als we geluk hebben, opstaan en de verantwoordelijkheid nemen voor het feit dat we de omstandigheden van ons leven zelf gecreëerd hebben, en precies op dat moment worden we 'echt'. Vanaf dat moment kan niets ons nog kwetsen en kan niemand ons overhalen onze koers te verlaten. Het lijkt of we schepen op zee zijn, waarbij we tot een zeker punt door de wind van koers geblazen kunnen worden. Nadat we een tijdje op zee zijn geweest, moet het wel een heel krachtige zijwind zijn, wil die ons kunnen beïnvloeden. Dat is hoe we ons voelen als we eenmaal ons hart volgen en aan kracht winnen.
We zijn naar het fysieke vlak gekomen om onze missie te vervullen. De Engelen legden me uit hoe belangrijk het is de plek in te nemen die ons is toegewezen. Ik zag de afbeelding die op de volgende pagina staat.

We dienen de volheid van ons wezen te ervaren om alles te worden wat we kunnen zijn. We werken samen en we gaan samen naar huis. Als ik onwillig ben of de moed mis om mijzelf compleet te ervaren, bedrieg ik anderen. Voor mijn geboorte heb ik een afspraak gemaakt

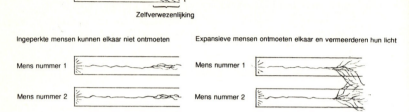

We zijn licht in de toegewezen ruimte van onze missie

om met een bepaald doel naar de aarde te komen. Andere zielen zijn om me heen geïncarneerd met de hoop en verwachting dat ik erin zou slagen mijn missie te vervullen. Als ik niet tot de volheid van mijn wezen geraak, zal ik niet in staat zijn diegenen aan te raken die het nodig hebben zich met me te verbinden. Het lijkt dan alsof we lichtstralen zijn, gevangen in een buis, die ik beschouw als mijn geest. Als ik me erg klein en diep verscholen houd in mijn stoffelijk lichaam, zal ik me niet uitbreiden tot aan de uithoeken van mijn wezen. Alleen wanneer ik de moed heb alles te zijn wat ik ben, groei ik en sta ik mijn licht toe helderder te schijnen. Wanneer ik dit doe, word ik expansiever en tegelijk toegankelijker voor anderen. Als we allemaal beginnen te expanderen, raken onze ruimtes elkaar energetisch. Dit veroorzaakt een toename van licht in de derde dimensie en verhoogt de trillingen van de aarde. Dit is noodzakelijk om onze gezamenlijke bestemming te kunnen verwezenlijken.

De Engelen spreken over vergeving en de rol van lichtdragers

Dierbaren, we willen met jullie praten over innerlijke vrede en vergeving. Het is voor jullie onmogelijk om innerlijke vrede te ervaren en je licht te laten schijnen als je niet eerst aan vergeving hebt gewerkt. Wie heb je te vergeven? In werkelijkheid niemand. De vraag is niet zozeer wie je te vergeven hebt, alswel waarom jij het gevoel hebt dat je vergeven moet worden. Juist de gedachte dat jij iemand anders moet vergeven of dat jij jezelf vergeven moet, zegt ons hoever je afgedaald bent in de derde dimensie.

Jullie zijn lichtwezens. Jullie hebben niets verkeerds gedaan. Niets en niemand valt iets te vergeven, laat staan jezelf.

Je kunt elk moment opstaan en de overtuiging dat vergeving noodzakelijk is stopzetten. Dit is wat we bedoelen wanneer we zeggen dat je moet werken aan vergeving. Je moet werken aan je geloofssysteem dat vergeving noodzakelijk is. Ontwaak! Je leeft in een illusie. Het is goed te leren hoe je deze stoffelijke wereld kunt manipuleren, omdat het alles zo oneindig veel gemakkelijker maakt terwijl je geïncarneerd bent. Niets op aarde is werkelijk. Geen enkele omstandigheid, geen enkele persoon bestaat werkelijk. Jullie verzinnen dit alles maar. Jullie verzinnen zelfs het idee dat je anderen en jezelf zou moeten vergeven. Je hebt reeds innerlijke vrede op het moment dat je erkent dat je een lichtdrager bent.
Je bent naar de aarde gekomen om één ding te doen: licht te brengen in de duisternis. DIT IS JE ENIGE FUNCTIE. Iets anders valt er niet te doen. Alles wat je te doen staat is dit feit te erkennen en er dan naar te leven terwijl je op het aardse vlak verblijft.
Op het moment dat je dit beseft ben je op weg naar huis. Liefde bestaat in de andere rijken. Licht is wat je nodig hebt om je thuisreis aan te vangen. Wanneer je beseft dat je een lichtdrager bent, moet je opstaan en je verantwoordelijkheid nemen. Iedere keer dat een andere lichtdrager zich van zijn missie bewust wordt en opstaat, is de hele mensheid een beetje dichter bij haar opstijging naar de vierde dimensie. Dit is jullie doel: licht brengen naar het aardse vlak.
Naargelang jullie dit doen, worden de trillingen die de aarde omgeven hoger, dat wil zeggen minder dicht. Wanneer dit blijft gebeuren, kunnen trillingen uit andere dimensies de aardse sfeer dieper doordringen. Jullie en de planeet aarde zijn onverbrekelijk met elkaar verbonden. Naarmate jullie trillingen in frequentie toenemen, reageren de aardse trillingen daarop en corresponderen daarmee. Dit verklaart waarom er zoveel verschuivingen plaatsvinden op het stoffelijke niveau: zowel in de aarde zelf als in de structuren die voorheen bestonden, vóór de versnelling in de frequentie van de energietrilling van licht.
Stel je eens een mooi huis voor in een erg aangename omgeving met een gematigde temperatuur. Stel je nu voor dat de elektrische stroom in het huis plotseling vertienvoudigt. Je kunt begrijpen dat er veel dingen in het huis zullen gebeuren. Apparaten zouden bijvoor-

beeld onklaar raken en computers zouden worden opgeblazen. Een lichtknopje omdraaien zou levensgevaarlijk zijn. Misschien zouden er een paar brandjes uitbreken. Stel je nu voor dat deze elektrische stroom verbonden was met de zon en dat op het moment dat de stroom binnen in het huis toeneemt, ook de stralen van de zon buiten op het huis tien keer zo sterk worden. Dit zou heel wat andere veranderingen teweeg brengen. In feite is dit wat er nu gebeurt, met de energieversnelling op het aardse niveau.
Jullie zijn allemaal geleiders van trillingsenergie. Kunnen jullie nu begrijpen waarom oude structuren uiteen zullen vallen, ouderwetse vormen van onderwijs en bestuur uiteen geblazen zullen worden en er grote aardverschuivingen zullen plaatsvinden? Sommige van de oude vormen zullen de nieuwe frequenties niet kunnen verdragen.
Kijk eens om je heen naar de aardse wereld van vandaag. Regeringen storten ineen. Er worden nieuwe gevormd, maar voor het merendeel werken ze niets beter. Dit is een tijd van grote overgang.

Wat kunnen jullie doen om te helpen? De voornaamste 'taak' die lichtdragers hebben in deze huidige evolutiefase is het licht vasthouden, je individuele licht laten schijnen en je verbinden met andere lichten. Dit is de reden waarom sommigen van jullie geroepen zijn veel te reizen. Het is noodzakelijk op te staan en te laten zien waarvoor je staat, contact te maken met elkaar en anderen te steunen die er klaar voor zijn op een authentieke manier te gaan leven. Dit lichtnetwerk wordt boven de aarde gevormd en bestaat uit allen die tot hun levensmissie zijn ontwaakt.
We moedigen jullie aan om andere groepen lichtdragers op te sporen en je met hen in ceremonie en viering te verenigen. Dit zal jullie eigen trilling verhogen, de groepservaringen vergroten en het energieveld van de aarde versnellen, waarbij de hele mensheid baat heeft.
Voorts vragen we jullie te geloven dat het mogelijk is in het illusoire aardse vlak door heel veel trauma's heen te komen en nog steeds je weg terug te vinden naar de ware Bron.
(Einde boodschap)

Toen ik deze laatste zin gelezen had, besloot ik dat het belangrijk was iets meer van mijn eigen levenservaringen te vertellen. Toen ik zat na te denken over wat hierop volgen moest, kwamen de woorden tot mij:

De enige uitweg is de weg erdoorheen!

Mijn leven begin jaren tachtig was chaotisch en moeilijk. In 1981 stierf mijn enige kind plotseling; in 1982 kreeg mijn vader een ernstige beroerte en kon niet langer spreken; in 1983 vroeg mijn echtgenoot na twintig jaar een scheiding aan; in 1984 stierf de vrouw met wie ik een advocatenpraktijk had, had ik een miskraam en verliet ik mijn luxueuze huis; in 1985 stierf mijn stiefvader. Dus ik had vele verliezen te verwerken.
Toen mijn zoon stierf, stond ik op het punt om het tweede jaar van mijn rechtenstudie af te maken. Godzijdank stemde de studentendecaan ermee in dat ik mijn tweedejaars examens deed en tegelijk mijn derdejaars studie afmaakte, zodat ik met mijn jaargenoten kon afstuderen. Ik voltooide mijn rechtenstudie binnen de voorgeschreven tijd en slaagde meteen daarna voor het Californische staatsexamen in de advocatuur. In die tijd vloog ik op de automatische piloot.
In deze hele periode kon ik erg moeilijk functioneren, zoals je je kunt voorstellen. Zo was ik door de schaduwen van de bomen langs de kant van de weg zelfs bang om naar de rechtenfaculteit te rijden. Ik kon er absoluut niet tegen dat er aan mijn tanden werd gewerkt en herinner me dat ik eens uit de stoel van de tandarts ben gevlucht. Kamers begonnen plotseling te bewegen en ik had voortdurend nachtmerries. Ik dacht oprecht dat ik het uiteinde van de tunnel nooit zou halen. Ik herinner me dat ik na de dood van mijn zoon zat te denken dat het donkere gat waarin ik zat heel diep was en dat er geen uitweg bestond. Ik ging in therapie en bezocht eenmaal per week een huisvriend die tevens arts was. Mijn moeder kwam iedere week naar het rechteninstituut en we lunchten samen. Iedereen wist dat ik het nauwelijks volhield. Ik dacht aan zelfmoord. Ik dacht eraan de dokter die ons als eerste van de ernst van de ziekte van onze zoon op de hoogte had gebracht, neer te schieten. Deze gedachten waren bizar.
Toen ik naar Canada ging om een vriend te bezoeken, bleef ik tenslotte daar om een centrum te leiden dat emotionele en spirituele steun verschafte aan mensen met een levensbedreigende ziekte. Het eerste kind in de groep had vrijwel dezelfde naam als mijn zoon Marcus. Marc had kanker, en ik werkte met hem. Hij was werkelijk het enige kind met een levensbedreigende ziekte dat ooit naar het centrum kwam, hoewel we later dankzij zijn inspanningen een

steungroep begonnen voor kinderen die een verlies doormaakten. Toen Marcs toestand plotseling verslechterde, werd hij in het ziekenhuis opgenomen. Ik moest voor de eerste keer na het overlijden van mijn zoon weer een kankerafdeling voor kinderen binnengaan. Mijn vriendin Sallie ging met me mee en gaf me de steun die ik nodig had, zodat ik voor Marc emotioneel aanwezig en ondersteunend kon zijn. Ik moest me letterlijk aan de muren in het ziekenhuis vasthouden om niet zo misselijk te worden dat ik niet eens zijn kamer kon halen. Natuurlijk wist niemand hier iets van.
Na Canada keerde ik terug naar Californië en leidde ik het Center for Attitudinal Healing in Tiburon dat eveneens steun bood aan mensen met levensbedreigende ziekten. Mijn heelwording ging verder dankzij alle fantastische steun op het centrum waar ik een aantal jaren werkte. Ik ontdekte dat pijn ervaren de enige manier was om die kwijt te raken. Een van de overtuigingen op het centrum is dat we op elk moment vrede kunnen kiezen. Ik geloof dat dit waar is, maar ik besteedde er heel wat tijd aan te *proberen* vrede te kiezen, terwijl ik de pijn had kunnen verwerken. De periode die ik daar doorbracht gaf me de kans in hoge mate te helen, echter, de werkelijke genezing vond binnenin mij plaats toen ik de beslissing nam mijn leven weer op te pakken. Het jaar: 1992.

Op een dag, enkele dagen voor Marcus' sterfdag, reed ik naar mijn werk in mijn kleine witte sportauto met het open dak. Ik reed langs de baai en het was een prachtige zonnige dag. Plotseling voelde ik een pijnsteek in mijn hart, de Marcuspijn, zoals ik die met de jaren was gaan noemen. Ik merkte de scherpte ervan op en herkende die meteen. Op dat moment gebeurde er iets diepgaands. Ik ervoer de pijn en stond die zonder oordelen toe er gewoon te zijn. Toen bezon ik me op de feiten en iets klikte er in me. Ik had nu langer om de dood van mijn zoon gerouwd dan hij geleefd had. Dit leek me niet juist. Ik herinner me een uitspraak van mijn grootvader: 'Genoeg is genoeg!' En op dat moment nam ik het besluit mijn leven opnieuw te beginnen, om weer in mijn eigen toekomst te investeren en om een gelukkige houding aan te nemen. Veel dingen gebeurden er toen: ik viel af, een relatie met een man wiens zoontje overleden was eindigde, ik nam ontslag en ik begon echt te doen wat ik wou. Het is nu bijna een jaar geleden dat ik die beslissing nam, en ik voel me gelukkiger en gezonder dan ik ooit ben geweest. Er zijn veel mensen die me niet herkennen of vinden dat ik er jonger of anders uitzie.

Ik vertel je dit, lezer, om je te laten weten dat het mogelijk is om een rijk leven te hebben en te genieten, ondanks alles wat er in het verleden is gebeurd. De weg naar zelfverwezenlijking omvatte pijn en een hoop hard werk, en het voelt fantastisch nu aan de andere kant te zijn. Ik voel dat ik hard op weg ben mijn plek op aarde in te nemen en te volbrengen wat ik hier ben komen doen. In de laatste maanden heb ik een aanzienlijk inzicht verkregen in mijn missie en hoe ik die volbrengen kan. Ik weet dat ik door zal gaan met het geven van workshops en individuele sessies om mensen te helpen alles te worden wat ze kunnen zijn, hen in staat te stellen achter hun levensdoel te komen en authentieke stappen te zetten naar dat doel toe. Ik zal doorgaan met schilderen en schrijven als onderdeel van mijn healingwerk. Ik zie mezelf als een kleine kaarsenaansteekster die over de wereld trekt om anderen te helpen zich van hun licht bewust te worden.

> Er bestaat in het hele universum niet genoeg duisternis om het licht van één kaarsje ervan te weerhouden te schijnen.

Toen ik een paar dagen geleden een workshop gaf in Engeland, zei een van de deelneemsters tegen me dat ze jaloers op me was, omdat ik scheen te weten wie ik was en waarnaartoe ik onderweg was. Ik zei dat ik dat makkelijk kon begrijpen, omdat ik ook eens was geweest zoals zij, volkomen verward, en dat ik dankbaar was voor waar ik nu in mijn ontwikkeling zit. Ik voel dat ik er hard aan gewerkt heb, dat ik heel wat moed heb gehad om naar mezelf te kijken, en dat het een grote zegening is op dit punt te zijn aangeland. Ik weet ook dat me nog heel wat werk te doen staat voordat ik het aardse terrein verlaat.

Wanneer mensen mij vragen hoe ik zover gekomen ben, vertel ik dat ik het stap voor stap gedaan heb. Toen mijn zoon stierf, ging ik naar bed, trok de dekens over me heen en besloot te sterven. Een klein stemmetje in me fluisterde dat ik misschien op een dag weer gelukkig zou kunnen zijn. Ik geloofde die kleine, nietige stem niet, maar gelukkig was hij vasthoudend. Toen mijn vroegere echtgenoot me op een dag uit bed trok, met me onder de douche ging om me te helpen wassen, me een schrift gaf en me vertelde mijn rechtenstudie weer op te pakken, zei er iets in mij 'Ja.' Ik zal hem altijd dankbaar zijn dat hij me op het juiste spoor heeft gezet. Soms is het belangrijk om stil te zijn en soms is het belangrijk om actie te ondernemen. Ik begon klein stapje voor klein stapje op te krabbelen. De ene dag kon ik nauwelijks naar de rechtenfaculteit rijden en tien jaar later zit ik in Amsterdam een boek te schrijven. In deze tien jaar heb ik geleerd mijzelf en mijn innerlijke leiding te vertrouwen. Ik heb ontdekt dat ik moedig ben. Ik heb geleerd dat ik niet alleen ben: ik ben nooit alleen. Er is altijd goddelijke leiding geweest en een geloof in iets dat groter is dan ikzelf, wat alle verschil van de wereld heeft gemaakt.

Een van mijn lievelingscitaten van Camus schiet me te binnen: 'Midden in de winter heb ik eindelijk geleerd dat er in mij een onoverwinnelijke zomer was.'

Nu beschouw ik mijn leven als een avontuur, en is het een opwindende onderneming te ontdekken wat ik doen wil. Soms voel ik me zoals een vogel zich moet voelen wanneer hij zijn vleugels voor het eerst uitspreidt en ze zoveel groter blijken dan hij had verwacht. Ik kijk op mijn leven terug en dank iedereen voor de fantastische lessen en geschenken die ze me gegeven hebben. Tot nu toe is het een ongelooflijke reis geweest, en nu, met die verandering in de waarneming van tijd, voelt een dag soms als een week. Dit weerhoudt me ervan om in paniek te raken wanneer ik bedenk hoeveel meer werk ik nog aan mezelf te doen heb om mijn plekje in te nemen.

Nu zou ik graag weer de ideeën opnemen die de Engelen uiteenzetten voor ik deze kleine uitweiding over mijn eigen levensproces begon. Omdat de Engelen het herhaaldelijk, het hele boek door, hebben over samenwerken, ben ik natuurlijk gaan nadenken over de betekenis van relaties. Dit is een onderwerp van groot belang in alle workshops die ik geef, en het is dikwijls het laatste gebied in ons leven dat wordt geheeld.

Op een nacht toen ik aan het 'dromen' was, vroeg ik de Engelen of het noodzakelijk was om een vaste partner te hebben en vroeg ik hoe we onze zielemaat zouden kunnen herkennen. Ze stonden op het punt me te antwoorden toen ze me wakker maakten en me zeiden dat ik achter de computer moest gaan zitten omdat dit een onderdeel van het boek zou worden. Ditmaal verzette ik me niet, alhoewel ik moet zeggen dat ik geen plek zag waar dit materiaal ingevoegd kon worden wanneer ik naar de inhoudsopgave keek. (Dit was in een vroeg stadium van het schrijven van dit boek. Later besefte ik dat ik vaak, op alle tijden van de dag, een half uurtje 'in slaap viel', om daarna wakker te worden met het volgende deel van het boek!) Het is me duidelijk dat ik dit boek schrijf en dat tegelijkertijd het boek al geschreven is, dus vertrouw ik erop dat die 'kleine details' geregeld zullen worden. Ik vertel je dit omdat het belangrijk is dat je mijn loslatingsproces begrijpt. Dat gebeurt stukje bij beetje en soms na een heel hevige worsteling.

De Engelen spreken over oorspronkelijke zielepartners

Tot midden 1993 waren er talloze mogelijkheden om met iemand een vaste relatie aan te gaan. Na die tijd is dit niet langer mogelijk voor diegenen van jullie die rechtstreeks betrokken zijn in de missie van licht. Je zult zelfstandig of met je oorspronkelijke zielepartner werken. Er bestaat veel verwarring over zielematen, tweelingzielen enzovoort.

Jullie zijn in menselijke families geboren, waarbinnen er al dan niet zieleherkenning is, hoewel er meestal wel enige gemeenschappelijke ervaringen uit vorige levens aanwezig zijn opdat de vroege lessen geleerd kunnen worden. Later zoek je je echte familie, zij die deel uitmaken van je zielefamilie of -groep. Er zijn op dit moment talloze zielegroepen op aarde aanwezig. Iedere groep heeft een specifieke missie. Tot aan de jaren negentig, vóór de bewuste herkenning van je zielegroep en haar missie, was het mogelijk om met iemand van buiten je zielegroep een relatie te hebben en zelfs met die persoon te trouwen. Nadat je door een aantal sterrepoorten (stargates) gegaan bent is dit niet langer mogelijk.

Vanaf dit moment zul je je individuele missie ofwel alleen of met je oorspronkelijke zielepartner vervullen. (Er zijn een paar zeldzame gevallen waarin je ertoe geleid zult worden om met iemand samen te smelten die noch je zielepartner, noch iemand van je zielegroep is, om iets heel specifieks binnen de missie te volbrengen.)

Aan het begin van de schepping, in de kristalwereld van de vierde dimensie, was je een trilling, een facet van een kristal. Toen was je mannelijk noch vrouwelijk. Je bestond in een mooie toestand van volkomenheid en evenwicht. Aan het begin van dit decennium begonnen velen van jullie herinneringen en ervaringen te krijgen van het kristalrijk. Sommigen van jullie ontmoetten hun wederhelft in de vierde dimensie. Voor de meesten van jullie was dit een overweldigende en verwarrende ervaring.

Op het moment van schepping waren jullie emotioneel heel en spiritueel compleet. Toen nam je het besluit om je op te splitsen (of in sommige gevallen werd deze beslissing voor jou genomen). Op dit punt begon je steeds verder los te raken van je essentie. Jullie werden precies doormidden gedeeld, in twee helften. Het ene deel van je ging de ene kant op en het andere de andere kant. Toentertijd begreep je de wijsheid hiervan. Jullie wilden zoveel mogelijk kennis en informatie verwerven door middel van ervaring. En dit was de meest efficiënte manier om te vorderen. Een deel van je droeg yang-energie en een deel yin-energie. Dit betekent niet dat een van jullie steeds in een mannelijk en de ander steeds in een vrouwelijk lichaam verkeerde. Beperk je zijn niet tot de menselijke vorm. Er bestaan zovele zijnsniveaus en manieren om ervaring op te doen en lessen te leren.
Op een zeker moment bereikten jullie beiden een begrip van individuatie en afgescheidenheid. Op dat moment keerden jullie je tot je oorspronkelijke zielepartner en begonnen jullie naar elkaar terug te bewegen. De reis is in aardse jaren bemeten heel erg lang. Echter, net als de zalm die tegen de stroom op zwemt om te paren, gaan jullie terug naar je oorspronkelijke zielepartner, omdat je eenmaal gecodeerd bent met die genetische informatie.
In dit leven zullen sommigen van jullie je oorspronkelijke zielepartner ontmoeten, naar wie we verwijzen als je 'ware' liefde, en anderen niet. Als je niet je ware liefde ontmoet, zul je niet met een andere partner genoegen willen nemen, tenzij die relatie al voor het midden van 1993 werkelijk stevig was. Het is goed mogelijk heel gelukkig te zijn met iemand die niet je ware liefde is, als je vóór die tijd op alle niveaus met elkaar verbonden was.

Er bestaan twee redenen waarom je misschien niet met je ware liefde samen bent op het niveau van de derde dimensie. De eerste reden is tamelijk simpel: het is mogelijk dat je ware liefde op dit moment niet op dit stoffelijke niveau aanwezig is, misschien heeft hij of zij

verkozen in een andere dimensie te zijn. Alhoewel dit jullie op dit moment onmogelijk maakt fysiek bij elkaar te zijn, is het wel mogelijk om op een ander bewustzijnsniveau bij elkaar te zijn en volkomen samen te smelten. Jullie ontmoeten elkaar misschien in een meditatie of droomtoestand of in andere bewustzijnstoestanden. We zeiden dat het op dit moment onmogelijk was om fysiek samen te zijn, omdat het heel binnenkort wél mogelijk zal zijn om je in verschillende dimensies te materialiseren.
Het is echter ook mogelijk dat jullie tegelijkertijd samen op aarde aanwezig zijn en dat jullie ervoor kiezen om niet samen te smelten. Jullie ontmoeten elkaar misschien wel, misschien niet. Dit is een bewuste keuze die te maken heeft met de uitwerking van het plan. Jullie kunnen bewust de beslissing genomen hebben, na geluisterd te hebben naar je innerlijke leiding, dat het voor alle betrokkenen en het plan het beste is dat jullie je werk ditmaal alleen verrichten. Als je deze beslissing neemt, luisteren we naar je en accepteren we je besluit, en dus zul je je ware liefde niet ontmoeten.
Je kunt ook realiseren dat je je ware liefde wél ontmoet en toch samen besluiten dat samensmelten in de derde dimensie niet het pad is dat jullie bewandelen moeten. Deze beslissing vraagt een grote hoeveelheid bewustzijn. Jullie kunnen beseffen dat fysieke samensmelting niet noodzakelijk is en zelfs nadelig kan zijn voor het vervullen van jullie overkoepelende rol.
Velen van jullie vragen zich af hoe je het weet wanneer je je oorspronkelijke zielepartner ontmoet hebt. Als je je afvraagt of het gebeurd is of niet, dan is het niet gebeurd! Als je je partner ontmoet, dan weet je dat. Jaren geleden was het nog mogelijk dat je elkaar ontmoette en dit niet meteen besefte. Dit komt omdat de energie van de ontmoeting zo krachtig is dat geen van beiden de inslag van de ontmoeting overleefd zou hebben. Misschien voelden jullie beiden enige aantrekkingskracht en voelden jullie daarna pas een heel diepe herkenning van elkaar. Wanneer je tegenwoordig elkaar ontmoet, is het bijna altijd onmiddellijk overduidelijk. Er is een stil besef, een bijna droomachtige atmosfeer in de ontmoeting. Er barst beslist geen vuurwerk los in je hoofd of lichaam. In feite kan je partner er totaal anders uitzien dan je je had voorgesteld. Je weet gewoon in je hart dat dit de persoon is op wie je hebt gewacht. Dit is zo'n moment dat je hoofd de zaak niet onder controle kan hebben.
Jullie weten dat het lot zich heeft geopenbaard en jullie komen sa-

men. Dit is de perfectie van het plan op z'n best. Wanneer je op alle niveaus samensmelt met je oorspronkelijke zielepartner, is dat heel gunstig voor de wereld. De positieve energiestroom wordt honderdvoudig versterkt en de hoeveelheid werk die kan worden verricht is naar aardse begrippen werkelijk ongelooflijk.
Onthoud dat we allemaal samen naar huis gaan; er is beslist geen reden waarom je je huidige relatie zou stoppen, zelfs wanneer je weet dat je niet met je ware liefde samen bent. Diegenen van jullie die jaren geleden de beslissing namen om een vaste relatie aan te gaan, zijn misschien bij hun oorspronkelijke zielepartner. Zelfs als je dat niet bent, is er nog altijd een goede een reden waarom jullie bij elkaar zijn. Heb alsjeblieft een mooie relatie met de persoon bij wie je momenteel bent: je zult uiteindelijk eens bij je ware liefde zijn. Terwijl dit iets is waarnaar je verlangt, is het nog niet mogelijk voordat jullie een groot aantal lessen geleerd hebben en heel veel aan jezelf hebben gewerkt. Het is op dit moment niet mogelijk of noodzakelijk dat jullie allemaal bij je oorspronkelijke zielepartner zijn.
(Einde boodschap)

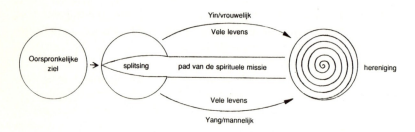

Dit was het einde van de boodschap van de Engelen. Ik kreeg nog een tekening door die ik hier weergeef en toen werd ik ertoe aangespoord om het verhaal van een vriendin over haar ontmoeting met haar oorspronkelijke zielepartner te vertellen. Omdat ze op het fysieke niveau niet samenzijn, blijven delen van het verhaal noodzakelijkerwijs vaag.

Alice's verhaal begint:
'We ontmoetten elkaar vijf jaar geleden op een feestje voor het eerst. Hij voelde zich duidelijk tot mij aangetrokken, zozeer zelfs dat hij zich mij nog kon herinneren toen we elkaar bijna twee jaar later

opnieuw ontmoetten. Hij merkte onmiddellijk dat ik me hem niet goed herinnerde en dat hij kennelijk geen blijvende indruk had achtergelaten, waar ik nu om kan lachen. Ik was een erg doelgericht iemand en niet erg in mijn lichaam toen we elkaar ontmoetten, dus sta ik er niet versteld van dat ik me hem niet herinnerde. De energie die tussen de twee helften gegenereerd wordt is ongelooflijk, en ik denk dat de Engelen het heel nauwkeurig verwoorden wanneer ze zeggen dat we ons omvergeblazen zouden voelen als we ons volledig bewust zouden zijn van de inslag van de eerste ontmoeting; vooral in de jaren tachtig toen het bewustzijn zich nog niet op het huidige niveau bevond.
Bij verscheidene gelegenheden ontmoetten we elkaar, zowel privé als zakelijk. Ik voelde me óf bijzonder tot hem aangetrokken, óf ik raakte uitermate door hem geagiteerd, en werd bij tijden enorm kwaad op hem. Op een dag hadden we een heel fijn informeel dineetje waarbij we de laatste workshop bespraken waaraan ik juist had deelgenomen. Ik vertelde hem over een oefening waarbij de deelnemers op moesten staan en aan de rest van de groep precies moesten zeggen wat hun hartsverlangen was. We moesten gaan staan en uitspreken wat we wilden en daarna de steun krijgen van de hele groep dat het mogelijk was. Ik geloof dat ik echt helemaal opging in het uitleggen van dit proces en me feitelijk weer een beetje voelde alsof ik terug was in de energie van de groep.
Hij vroeg me toen terloops wat ik in mijn leven wilde, als ik alles kon krijgen wat ik wenste. Op dat moment kwam vanuit een plek heel diep in mij het antwoord. Ik wilde zijn levenspartner zijn, zowel in het werk als in de liefde. Dit schokte me, omdat het gevoel zo sterk was. Ik kon de energie niet geloven die deze gedachte vergezelde! Het was echt overweldigend.
Deze ervaring verwarde me. Een moment geloofde ik dat we voorbestemd waren om een paar te zijn. Dit schiep voor ons beiden veel onbehagen. Nu zijn we fantastische vrienden, en ik voel me volkomen op mijn gemak in de wetenschap dat we op andere dimensies samenwerken en dat we misschien op dit fysieke niveau nooit "samen een paar" zullen zijn. Ik zet aanhalingstekens omdat we op een bepaalde manier waarlijk samen zijn.
Voor mij is mijn gevoel voor hem iets dat ik werkelijk niet ontkennen kan, zelfs al kan ik er met mijn hoofd niet bij. Ik weet dat deze persoon mijn oorspronkelijke zielepartner is en dat is het enige wat telt. De vorm doet er niet toe.'

Oefening: Het 'ja'-proces

Iemand vertelde me eens dat ze altijd probeerde 'ja' te zeggen wanneer er zich een gelegenheid aan haar voordeed. Ik had er nog een jaar voor nodig eer ik begreep hoe dit echt in zijn werk gaat. We worden voor vele keuzes gesteld in ons leven, en als we de gewoonte hebben om regelmatig 'nee' te zeggen, lijkt het alsof er steeds minder kansen onze kant uitkomen. Wanneer we 'ja' zeggen, versterken we ons vertrouwen en geloof in het universele proces. Ik werd ertoe verleid dit idee zo tot het uiterste door te voeren, dat ik tegen drie uitnodigingen op dezelfde dag ja zei! Wanneer ik hierop terugkijk zou er, als ik alle drie de evenementen door had laten gaan, er in elk geval toch maar één hebben plaatsgevonden. We dienen echter onze agenda te raadplegen en we hoeven het proces waarschijnlijk niet tot het uiterste door te voeren. En ook, wanneer onze innerlijke leiding ons toeschreeuwt dat wat ons aangeboden wordt absoluut niets voor ons is, dan zeggen we natuurlijk nee.

Ik heb lange tijd van mijn leven tegen veel dingen nee gezegd. Wat mij meestal allereerst door het hoofd ging waren alle redenen waarom ik iets niet kon doen of waarom het niet zou kunnen. Hoewel dit me misschien tot een heel waardevolle advocaat heeft gemaakt, maakte het me niet tot een erg gelukkig of tevreden mens. Toen ik eenmaal deze methode van 'ja'-zeggen begon te hanteren, verbaasde het me hoeveel meer ik me in de stroom van het leven bevond. Ik ontdekte tevens dat wanneer iets binnen het Goddelijke Plan niet hoorde te gebeuren, het ook niet gebeurde. Vele dingen waar ik ja tegen zei vielen uiteindelijk weg, en gaandeweg stopte ik ermee weerstand te bieden aan wat het leven me te bieden had.

Zeg dus de volgende keer wanneer er een kans op je af komt gewoon: 'Ja!'

De inventaris opmaken van waar je nu in je leven bent (een geschreven oefening)

Ga eerst naar een plekje waar je het eerste uur niet gestoord zult worden. Neem er de tijd voor om te zorgen dat je je vredig en ontspannen gaat voelen. Je gaat schrijven over wat je verworven hebt in het leven.

1. Is het niet verbazend hoeveel we in één leven allemaal kunnen volbrengen? Stel je voor dat het vandaag de laatste dag van je leven is. Schrijf dan alle dingen op waardoor je in herinnering zou willen voortleven, al die prestaties waar je bijzonder trots op bent, en al die ervaringen waarvan je nooit verwacht had dat ze jou overkomen zouden en die jou toch te beurt zijn gevallen.

2. Wanneer je je lijst klaar hebt, kun je een toespraak houden over jouw verblijf op aarde. Hoe wil je herinnerd worden? Wat wil je dat mensen van je weten nu je niet langer in fysieke vorm hier bent?

3. Stel je nu voor dat je gratie wordt verleend en dat je nu nog niet hoeft te vertrekken. Je krijgt het geschenk van nog zes aardse maanden. Wat zou je dan doen wat je nu niet in je leven doet? Zou je gaan reizen, je baan opgeven, iets nieuws proberen, iemand iets vertellen, een relatie eindigen of beginnen? Neem tijd om deze tweede lijst te maken.

4. Sluit je ogen met deze nieuwe lijst voor je en word kalm. Bekijk dan welke punten op de lijst werkelijk belangrijk zijn. Schrijf vervolgens enkele kleine stapjes op die je kunt zetten om ze te bereiken. Bijvoorbeeld, als je al altijd naar Hawaï hebt willen gaan, kun je misschien eens beginnen in reisgidsen en naar ticketprijzen te kijken. Sla de energie enkel gade als je eenmaal een paar kleine stappen zet in de richting van het bereiken van je doel!

Jij bent verantwoordelijk voor wat er met je leven gebeurt!

Ik herinner me een stel dat me in Vancouver kwam opzoeken toen ik het centrum aldaar leidde. Zij hadden altijd al naar Hawaï gewild, maar hadden het steeds maar weer uitgesteld, tot de man nu kanker in een vergevorderd stadium had. Telkens wanneer ze overwogen om te gaan, had iets hen weerhouden. Natuurlijk, het enige dat ons tegenhoudt om te realiseren wat we willen, zijn wijzelf.

In elk geval, aangezien ze fysiek niet meer in staat waren te gaan, stelde ik voor dat we een denkbeeldige reis zouden maken. Ze moesten alle Hawaïaanse dingen die ze te pakken konden krijgen verzamelen en na een week terugkomen voor hun 'vakantie'. Toen ze mijn kantoor binnenkwamen, wist ik niet wat ik zag. Ze hadden Hawaïaanse muziek, kleren en hun camera. Ze hadden in de week ervoor heel veel plezier gehad met het voorbereiden van de reis. Ik zette de muziek aan, en zij zaten bij elkaar en hielden elkaars hand vast. We gingen samen op een geleide-visualisatiereis. Zij waren in staat de hele reis te leiden. We gingen snorkelen, tochtjes maken, zwemmen en dansen en op een of andere manier vervulde dit een levenslange droom. We eindigden de avond met het eten van ananas en ander vers fruit, hoewel het buiten een koude winterdag was.

Dus, met een beetje creativiteit en een hoop bereidwilligheid is alles mogelijk.

Meditatie om contact te maken met je oorspronkelijke zielepartner

Sluit je ogen en stel je voor dat de zon recht boven je hoofd staat te schijnen. De zon straalt met al haar kracht naar beneden op je gezicht en zendt warmte naar je ogen, neus en mond. Het voelt zo fantastisch je te koesteren in de warmte van de zon. Weldra merk je op dat er één bijzondere zonnestraal is die in een gouden lichtbundel naar beneden schijnt. Deze straal geeft je een gevoel van ongelooflijke vrede en veiligheid. Wanneer hij de kruin van je hoofd raakt, begin je je ontspannen te voelen, wetend dat alles goed is, dat er niets is dat je hoeft te doen en dat er niemand is over wie je hoeft na te denken.

Dit gouden licht begint je lichaam te omcirkelen, het bedekt je met tederheid en het spiraalt volkomen om je heen. Het gouden licht fonkelt wanneer het jouw totale lichaam omhult. Dit helende licht vol liefdesenergie omhelst je schouders, je buik, je dijen en je voeten voordat het zijn lange reis aanvangt, diep de aarde in.

Wanneer je zo warm en comfortabel zit of ligt, begin je een gouden bal van lichtenergie boven je hoofd in de kamer te zien. Van deze lichtbal vloeit een ongelooflijke energie uit. Het lijkt wel alsof alle liefde van de wereld in de essentie van dit gouden licht gevangen is. Nu begint de sfeer van licht zich te verspreiden, en een druppeltje van de gouden energie komt voor je geestesoog. Het ziet er zo uitnodigend uit dat je besluit om in die druppel van zuivere liefdesenergie op te gaan en erop te vertrouwen dat je op een voorbestemde reis gaat. Wanneer je naar boven drijft, de kamer uit, voel je de veiligheid en warmte van de gouden energie die je omgeeft. Je bent volkomen omgeven door liefde en vrede.

Je merkt dat je heel zachtjes door de ruimte drijft en je bent vredig. Uiteindelijk begin je even zachtjes als kalm te landen. Kijk om je heen nu je op je bestemming bent aangekomen. Je bent naar een heel speciale plek gekomen waar je je volmaakt op je gemak voelt. Misschien staan er bloemen met schitterende kleuren en geuren of is er overal weelderig groen. Misschien hoor je in de verte de verfrissende klanken van de onstuimige branding van een oceaan, of de roep van exotische vogels. Misschien ben je naar een andere dimensie gegaan – naar de kristalwereld – of naar een ander niveau van bestaan. Geniet slechts van waar je nu bent.

Je ziet dat er iets in de verte beweegt en je merkt dat iemand heel langzaam op je toeloopt. Terwijl deze figuur je nadert, voel je je volkomen veilig en ontspannen. Dit wezen lijkt je op een of andere manier vertrouwd, alsof hij of zij deel uitmaakt van jouw essentie. Je strekt je hand uit en legt die in zijn of haar hand. Jullie kijken elkaar in de ogen, de vensters van de ziel, en jullie glimlachen in herkenning en erkenning. Dit is je zielepartner, eindelijk hebben jullie elkaar gevonden na een heel lange reis. Je voelt hoe gelukkig je bent en hoe vervuld je wezen wordt, terwijl jullie rustig voortgaan je in eenheid met elkaar te verenigen.

Misschien is er iets dat je partner je zeggen wil. Gebruik deze tijd om zorgvuldig te luisteren naar wat hij of zij te zeggen heeft. Wellicht is het een boodschap met woorden, of misschien wordt er een andere vorm van communicatie gebruikt. Geniet van de ervaring om na zo lange tijd weer bij elkaar te zijn. (Pauze)

Stel je voor dat je zielepartner een klein geschenk voor je heeft en dat dit je nu overhandigd wordt. Merk op wat het is en als je niet zeker bent van wat het betekent, kun je je partner vragen wat de betekenis is van dit speciale geschenk. Wacht tot het antwoord komt in wat voor vorm ook.

Nu beginnen jullie samen te bewegen, wetend dat jullie beiden een perfecte rol te spelen hebben en dat alleen jullie deze rollen vervullen kunnen. Je bemerkt dat jullie naar andere wezens bewegen. Merk op wat ze doen, doen ze iets met hun lichaam zoals zingen of bloemen planten, of zijn ze meer beschouwend van aard? Sla enkel gade wat er gebeurt.

Uiteindelijk voelen jullie je innerlijk ertoe geleid op een bepaalde manier deel te nemen aan wat gebeurt. Neem daarvoor nu de tijd en zoek jullie perfecte plaats. Er is ruimte voor iedereen en er zal niets beginnen zonder jullie, omdat jullie nodig zijn om het gebeuren tot een geheel te maken. Begeef je nu rustig samen naar jullie plek. Je wacht op aanwijzingen en luistert heel, heel zorgvuldig. Wat heeft je

innerlijke leiding je te zeggen?
Neem er de tijd voor en luister echt. Wanneer je je zeker voelt over wat je is verteld, bedank je leiding dan op een wijze die je goed lijkt.

Je mag bij je partner en de anderen blijven zo lang je wilt. (Lange pauze.)

Dan, wanneer dat goed voor je voelt, stel je je voor dat je weer alleen met je zielepartner bent. Het is nu tijd om te vertrekken en terug te keren naar de derde dimensie. Neem afscheid van elkaar en bedank hem of haar voor de ontmoeting. Weet dat jullie op andere niveaus waarlijk verbonden zijn en dat jullie alleen op het fysieke bestaansniveau gescheiden zijn, tenzij jullie elkaar ook daar al hebben ontmoet.

Stel jezelf nu weer voor dat je terug bent in het gouden licht. Als je daar klaar voor bent, stap je in het licht en begin je terug te reizen naar de kamer waar je lichaam zich bevindt. Wanneer je terugkeert naar de derde dimensie, begin dan het zonlicht op je lichaam te voelen. Begin dat gevoel van vredigheid en ontspannenheid weer te voelen. En open dan, wanneer dat goed voor je voelt, weer langzaam je ogen en kom in de kamer terug.

(Misschien wil je meteen iets opschrijven dat belangrijk was: speciale innerlijke leiding of kennis die je gekregen hebt of iets dat je niet begrijpt en waarover je je later buigen wilt. Neem deze gelegenheid alsjeblieft te baat om alles op te schrijven waarvan je het gevoel hebt dat het waardevol is).

Stargate 7 – Welkom thuis

De Engelen spreken over het algehele plan

Er bestaat een plan. Dit is goed nieuws, vind je niet? Je bent niet alleen, en je weet dat je geen beslissingen in je eentje hoeft te nemen. Wij zijn hier bij jullie. Er zijn hier velen van ons die assisteren bij het proces van het uitkomen van het plan. We komen letterlijk in alle vormen en afmetingen. We trillen sommigen van jullie toe, naar jullie eigen voorkeur. Is dat niet schitterend? Als je er de voorkeur aan geeft contact te hebben met engelen, dan worden we engelen voor jou, niet zomaar engelen, maar precies die engelen die jij wilt, met passend gedrag en zelfs de 'juiste' kledij.
Waarom gebeurt dit? We zouden graag zeggen: omdat we er evenveel als jullie van genieten plezier te hebben, wat gedeeltelijk het geval is. De belangrijkste reden is echter dat dit de tijd is waarin we in staat zijn te komen. We hebben vele, vele jaren gewacht om terug te kunnen keren naar het aardse bestaansniveau. Nu hebben de meesten van jullie over de sterrepoorten (stargates) gelezen. Dit zijn wegen van en naar bepaalde bestaansniveaus. We moesten bijvoorbeeld wachten tot jullie bewustzijnsniveau hoog genoeg was om ons te accepteren. Op dat moment in jullie evolutie ging er een sterrepoort (stargate) open die ons de gelegenheid gaf met enkelen van jullie te beginnen te communiceren. Naarmate de tijd vordert, zullen meer en meer mensen open informatiekanalen worden, en informatie is inderdaad licht.
Licht is nodig op aarde. Licht dient te schijnen in die gebieden waar het voordien niet geschenen heeft. Duisternis is niet slecht, duisternis is louter de afwezigheid van licht. Het is de schaduw in jullie allen.
Het Goddelijke Plan is prachtig en perfect georkestreerd. Het is eenvoudig en complex. Ieder van jullie is deel van het plan. Jullie moeten aan jezelf werken en beginnen je licht te laten schijnen op de schaduwen in je. Vandaaruit zal je licht toenemen en zal je lichaam gaan veranderen. Je zult er lichter en lichter uit gaan zien, en in fei-

te zul je ook lichter zijn. Dit kan inhouden dat je je dieet verandert en ten slotte ook je kleding. Je zult veranderingen in het zien ondergaan en zelfs in de kleur van je ogen. Dit alles treedt op omdat je trillingen fijner worden afgestemd.
Wanneer je aan jezelf werkt, bewijst ieder van jullie de wereld een grote dienst. Door het licht op aarde vast te houden zullen er wonderen geschieden. Zo zul je bijvoorbeeld merken dat je meer en meer aanwezig bent in omstandigheden die onplezierig lijken te zijn, misschien maken de mensen om je heen ruzie of ben je zelfs getuige van het plegen van een misdrijf. In deze situaties zul je ontdekken dat wanneer je volkomen stil bent, dingen plotseling zullen veranderen. Misschien zal het misdrijf niet gepleegd worden of wordt het ongedaan gemaakt. Misschien zal de lont uit een explosieve situatie gehaald worden en zullen mensen die boos of bang of ongeduldig waren, plotseling merken dat ze genieten van iets wat een heel onplezierige situatie had kunnen worden. Misschien biedt een vrouw het hoofd aan een zakkenroller en krijgt ze haar portemonnee terug. Ze beleeft een gevoel van hervonden moed, en misschien dat de zogenaamde zakkenroller een andere manier vindt om aan geld te komen.
Je kunt er nooit zeker van zijn waarom je naar de ene of de andere plek wordt gedreven. Je taak bestaat eruit getuige te zijn van het probleem of de situatie en er licht in te brengen. Dit is alles wat je te doen staat. Geen enkele andere handeling is noodzakelijk.
Als je eenmaal een zekere mate van licht in jezelf hebt, begint dat een baken voor anderen te worden. Mensen zullen naar je toegedreven worden en zullen dicht bij je willen zijn. Interpreteer dit alsjeblieft niet verkeerd als aantrekkingskracht in de gebruikelijke, wereldse zin van het woord. Het heeft niets met seksualiteit te maken.
Ken je het liedje nog over het laten schijnen van je licht, 'This little light of mine'? Na een poosje zal je licht toenemen en dan zul je je naar anderen uitstrekken. Je zult je met hen verbinden in een lijnenpatroon dat reeds bestaat. Jullie worden er slechts toe geleid elkaar nu te vinden. De verbindingen brengen meer licht naar het aardse vlak.
Wanneer er twee of meer te zamen zijn kan het licht verbluffend zijn. Je ontdekt misschien dat je tot andere delen van de wereld wordt aangetrokken. Je bemerkt misschien dat je in landen woont waarvan je dat nooit had gedacht. Je verlaat het paradijs misschien en ver-

huist naar waar het koud en regenachtig is. Dat geeft niet. Je zult je licht met je mee dragen. Je zult je zielefamilie vinden. Jullie zullen beginnen samen te vibreren en dat is wat telt. Wanneer je past in je lichtnetwerk, zul je een hernieuwd geluk beleven. Het zal je tranen in de ogen brengen. Je zult je voelen alsof je thuis bent. Geniet van dit moment! Je hebt hard gewerkt en hebt veel achter je gelaten om tot dit punt te geraken.

Vanaf dit moment zullen kleine groepjes mensen beginnen samen te komen en deze groepen zullen steeds groter en groter worden. Meer en meer licht zal er op aarde schijnen. Na een tijdje zullen jullie als groep tot in de hemel reiken en jullie licht collectief naar de hemel zenden. Dit licht zal klein beginnen en aangroeien tot een zon. Het hemelwaarts gezonden licht zal toenemen en de planeet helen, met iedereen erop. De enorme lichtbal zal zoveel licht uitstralen dat weldra liefde werkelijk op aarde aanwezig zal zijn. Op dat moment zal de lichtstraling beide kanten op vloeien, naar beneden naar de aarde en naar boven naar de hemel. Dit licht zal zo overvloedig worden dat het letterlijk zal overstromen om alles en iedereen op aarde te omvatten. Uiteindelijk zal jullie hart volkomen geheeld worden en tegelijk daarmee de stoffelijke aarde. Op dat moment zullen jullie makkelijk tussen dimensies heen en weer kunnen gaan en zullen jullie multidimensionaal worden.
Dit is het Goddelijke Plan voor het redden van de planeet aarde en al diegenen die erop leven die verkiezen het licht te zien. In het begin zullen er mensen zijn die verscheidene energielijnen van negativiteit zuiveren. Dit werk duurt lang en is vervelend en vergt bepaalde heel sterke zielen met veel doorzettingsvermogen. Degenen die in de jaren zestig en zeventig het eerst geroepen werden, hebben hun werk gedaan voor jullie allen die na hen komen. Alhoewel we hun methoden nu als elementair kunnen beschouwen, moeten we toch niet vergeten dat zij degenen waren die het pad hebben gebaand naar het gouden licht. Hun taak was moeilijk, omdat er maar heel weinig paden waren die gevolgd konden worden. Zij waren de ontdekkingsreizigers in de jungle van chaos. Zij hadden niet de leiding die jullie nu hebben. Zij moesten werkelijk vertrouwen en hun intuïtie volgen. Behandel deze mensen alsjeblieft met de grote liefde en bewondering die ze verdienen, ook al zullen hun methoden minder en minder worden gebruikt.

Bij elke beweging zijn er altijd koplopers. Aan hen is nu gevraagd terug te treden om plaats te maken voor de volgende golf. Weet je nog hoe er in de jaren tachtig mensen begonnen te 'channelen' en dat veel anderen te hoop liepen om deze weinige 'uitverkorenen' te horen? In de jaren negentig worden doorgevingen een steeds algemener verschijnsel. Er zitten nu genoeg mensen op ontvangstfrequenties zodat we honderden jaren vooruit kunnen met doorgegeven informatie. Dit zal echter niet gebeuren, omdat het niet noodzakelijk is.

De informatie is niet wat telt. Waar het om gaat is wat jullie ermee doen. Anders gezegd, jullie kunnen op de hoogte zijn van vele dingen omtrent de schepping en het Goddelijke Plan; jullie kunnen je bewust zijn van planetaire raden, buitenaardse wezens, engelen zoals wij, maar als jullie niets met de ontvangen informatie doen, zal er niets veranderen. Het enige doel waarvoor wij jullie deze informatie geven is om de wereld ermee te transformeren. We werken eraan ieder van jullie te transformeren, een voor een. Daarna is het jullie taak om deze kennis in je leven te integreren en de noodzakelijke contacten te leggen. Het zal in feite steeds makkelijker worden deze contacten te leggen, omdat jullie geleid worden. Hetzelfde fenomeen dat vogels in staat stelt om te trekken wordt gebruikt door de geestelijke vierde dimensie om jullie in staat te stellen je rechtmatige plaats in te nemen.

Jullie zijn je er nu misschien van bewust dat het Goddelijke Plan een hologram is. Elk onderdeeltje ervan is in zichzelf compleet en spiegelt het geheel.

(Einde boodschap)

Het is mij al heel lang duidelijk dat er een Goddelijk Plan bestaat en dat de mensheid nooit aan haar lot is overgelaten. Engelen en andere hogere geestelijke wezens hebben rechtstreeks ingegrepen in het werk dat op aarde werd verricht, en deze interventies hebben altijd al plaatsgevonden. We zijn bezocht door buitenaardse wezens en engelen die een cruciale rol hebben gespeeld en nog spelen in de evolutie van het bewustzijn.

Wij bepalen hoe snel het plan zich ontvouwt door aan onszelf te werken en af te leren wat ons is geleerd. De 'hemel' zal op aarde aanwezig zijn, wanneer we de aarde en onszelf verheffen naar een hoger trillingsniveau. Op dat moment zullen we in feite opgaan in de vierde dimensie. Wat er nu gaande is, naar hoe ik het zie, is dat de aarde en haar bewoners fysiek lichter worden en in energietrilling stijgen, terwijl tegelijkertijd de wezens van hogere niveaus doorgaan de energie omhoog te brengen. Dit is wat er bedoeld wordt met 'de hemel op aarde' en met het begrip van het 'Nieuwe Jeruzalem'. Op een bepaald moment in de tijd zal de mensheid inderdaad naar de nieuwe dimensie worden overgebracht en een ruimte ervaren die een en al licht en liefde is.

Om dit te doen moeten we al onze individuele inspanningen erop concentreren in onszelf schoon te worden, onze innerlijke leiding te volgen en onze levensmissie hier op aarde te volbrengen. We moeten voortdurend alert zijn op onze gedachten en letten op de boodschappen die we onszelf geven. Als onze innerlijke monoloog erin bestaat ons gevoel van eigenwaarde te verlagen, dan is ook dit het wat de universele geest dient te bevestigen. De engelen zullen aan niemand van ons individueel al te veel tijd besteden, als we niet een positieve bereidwillige houding jegens onszelf aan de dag leggen. Wanneer de engelen of andere geestelijke wezens een boodschap komen brengen, zijn ze op een directe missie. Naar mijn gevoel zullen ze ieder van ons slechts een bepaald aantal malen proberen te doen ontwaken, en dan zijn ze gehouden naar de volgende te gaan. Ze hebben een aanzienlijk werk te verrichten en ze nemen het zich ontwikkelende Goddelijke Plan heel serieus, omdat zij, die op de hogere niveaus leven, er de ultieme verantwoordelijkheid voor dragen.

Ook wij zijn verantwoordelijk voor onze eigen keuzen en beslissingen. Iedere keer wanneer we ervoor kiezen ons van onze missie te verwijderen, nemen we de verantwoordelijkheid te kiezen voor de weg van de dood voor onze ziel. We moeten nu oppletten wanneer we onze keuzen maken. Met wie ga je om? Wat zijn je gedachten? Ben je kritisch op anderen, op jezelf? Het is nu de tijd die gedachten en gevoelens los te laten. Velen van ons ondergaan een grote emotionele schoonmaak. We bemerken dat we anderen stukken van onszelf vertellen die we niet begrijpen, stukken waarvan we voelen dat ze schreeuwen om verandering. Nog steeds hebben we als individu keuzes. Het ligt aan ieder van ons of hij, exact op dit moment, een hemel of een hel op aarde beleeft.

We dienen ons steeds meer bewust te zijn van hoe we onze lessen verkiezen te leren. De meesten van ons erkennen dat we lessen te leren hebben. Velen van ons weten dat we de persoon kunnen kiezen met wie we de les zullen leren. Dat wil zeggen, ik kan dezelfde les op een ruwe manier leren of op een tedere manier. Ik kies er nu voor zoveel mogelijk lessen op een zachtaardige manier te leren. Een vriend vertelde me onlangs iets dat heel waardevol is. Hij zei dat we niet alleen de les kunnen kiezen die we willen leren en de manier waarop we die willen leren; we kunnen ook de klas kiezen waarin we die leren. Ik vind dit een aardig idee, want ik kan, omdat ik heel visueel ben ingesteld, makkelijker een klas voor me zien dan een les. Als ik in een klas ben waar ik niet van houd, kan ik weggaan. Ik kan er twintig jaar blijven of na twintig seconden al vertrekken. De keuze is altijd aan mij. De verantwoordelijkheid ligt altijd bij mij. Ik kan keer op keer naar dezelfde klas terugkeren. Ik heb de kracht dit te doen.

Om te kunnen groeien moet ik het op me nemen mijn eigen missie op verantwoorde wijze te vervullen. Als ik dit eenmaal doe, dan ben ik klaar om mijn plek in de wereld als lichtdrager in te nemen. Er zijn velen van ons, overal ter wereld, die luisteren naar en worden geleid door hogere geestelijke wezens, wier taak het is over ons te waken en de bestemming van de planeet aarde te leiden. We werken allemaal samen om licht naar het aardse niveau te brengen. Op deze wijze zullen de aarde en haar bewoners heelwording en eenwording ervaren.

Lichtdragers zijn er verantwoordelijk voor de aarde te begiftigen met rechtvaardige menselijke relaties. Door naar onze innerlijke leiding te luisteren, zullen we manieren gaan zien om te werken als groepen of individuen die harmonie zullen scheppen tussen de mensen van alle naties. Vooroordelen en afgescheidenheid zullen uiteindelijk wegvallen, wanneer we erkennen dat we allemaal geest zijn die zich manifesteert. Inheemse gebruiken of huidskleur zullen niet langer de grond voor afgescheidenheid vormen. Steeds meer mensen zullen erkennen dat we allemaal in een verschillende cultuur zijn grootgebracht, en we zullen zachtjes voorbij deze verschillen gebracht worden. We zullen een toenemend aantal mensen zien die weten dat we allemaal ooit in die verschillend gekleurde lichamen zijn gestopt en dat we van binnen allemaal hetzelfde zijn.

Wanneer we voorbijzien aan alle afgescheidenheid veroorzaakt door ras, kleur of geloof zijn we lichtdragers. De engelen zullen ons bij de hand houden als we hun werk op het aardse vlak uitvoeren.

Groepsbijeenkomsten, vieringen en ontmoetingen zijn belangrijk voor ons om samen te komen en ideeën en plannen uit te wisselen. Er bestaan vele spirituele groepen waaruit je kunt kiezen. Het belangrijkste is dat je voelt dat je aansluit bij de energie van de groep waar je bij bent. Licht komt in vele vormen naar de aarde en alle vormen dragen bij. De ene vorm past je misschien beter dan de andere. Dat is prettig. Kies wat een goede uitwerking voor je heeft en laat los wat niet werkt. Onthoud dat we allemaal, op elk moment, naar een andere klas kunnen gaan!

Als we de groep of groepen gevonden hebben waartoe we het meest aangetrokken worden, zullen we het gevoel hebben thuis te komen. We zullen onszelf omringd weten door mensen uit onze oorspronkelijke zielefamilie. We zijn in groepen of families geïncarneerd om zo des te effectiever te zijn in ons werk. Er is meer energie en kracht wanneer groepen wezens zich met elkaar verbinden. We verbinden ons zowel op fysiek als op geestelijk niveau. Wanneer we ons verenigen met andere geïncarneerde wezens, dan verbinden we ons tegelijk ook met de geestelijke wezens die rond elk van hen staan en hen helpen. Uiteindelijk zullen sommige groepen een bepaalde lichtkwaliteit voortbrengen die als baken zal dienen voor een geestelijk wezen om zich als groepsgids te manifesteren. Het licht vloeit uit in het universum naar de sferen erboven en zendt daar een signaal uit dat bepaalde geestelijke wezens aantrekt.

De Engelen spreken over de wet van aantrekking

Inderdaad, je trekt dat wat je bent tot je aan. Als je een partner wilt die vervuld is van liefde voor jou, heb dan jezelf lief. Als je hoge niveaus van geestelijke energie wilt ervaren, verhoog dan je eigen energie en begrip. Ga naar datgene waartoe je je gedreven voelt. Verspil geen tijd of energie met je naar iets te begeven dat niet noodzakelijk is.
Wij worden tot de auteur van dit boek aangetrokken doordat een aantal leden van dezelfde zielefamilie samengekomen zijn. Het zou voor ons niet mogelijk zijn om onze kennis aan één persoon afzonderlijk over te dragen, omdat onze energie te sterk is. Zodoende zijn we pas in staat ons werk te doen, wanneer genoeg mensen samengekomen zijn om als lichtbaken te dienen. Dit is de reden waarom we

jullie allemaal aanmoedigen om mensen om je heen te verzamelen die gelijke overtuigingen en verlangens bezitten. Dit dient als signaal aan het universum dat andere engelen en geestesgidsen uitgenodigd worden om naar het aardse niveau te komen om hun werk te doen. Precies zoals de lichtbundel van een vuurtoren schepen veilig de haven inloodst, zo brengt jullie lichtbaken ons 'naar huis' in de haven van jullie aardse bewustzijn.

We pikken jullie op en zeilen weg naar de zee van hoger bewustzijn zodat elke golf van gewaarzijn je dichter naar de verre kust brengt van je ware 'thuis', waar de Eeuwige Tuin bloeit.

(Einde boodschap)

Lichtpunt-meditatie

Stel je voor dat je een heel klein lichtpuntje bent. Je bent niet groter dan een speldeknop en toch straal je. Je straalt tot in de uithoeken van het universum, in de diepe ruimte waar alles duisternis is. Je begint je je eigen licht bewust te worden en op te merken dat wanneer je je bewust bent van je licht, je dan groeit en intensiever gaat stralen. Dit zet je heel lange tijd zo voort, waarbij je opmerkt dat iedere keer wanneer je angst voelt, je licht kleiner wordt en iedere keer dat je begint te vertrouwen en je eigen lichtgevoel ervaart, je groter wordt. Zelfs ondanks het feit dat overal om je heen slechts duisternis en lege ruimte heersen, begin jij te voelen dat je niet alleen bent, dat er misschien nog ergens een ander lichtje is.

Je wordt plotseling helemaal in beslag genomen door het werken met je eigen licht en je wordt almaar groter. Een tijd lang voel je je volkomen opgaan in jezelf, wanneer je je licht laat schijnen in gebieden van je leven waar je nog nooit de moed had te kijken. Misschien was dat iets tijdens je jeugd in deze huidige incarnatie, of misschien wel ervaringen uit een ander leven. Je blijft licht schijnen op iedere ervaring die je pijn of moeilijkheden heeft bezorgd. Je begint helderder en helderder te worden en je blijft groeien. Weldra bemerk je dat je veel vreugde en opgetogenheid in je leven hebt. Er is veel om dankbaar voor te zijn. Je begint je natuurlijk te voelen in dit licht en je vraagt je af waarom je je hier niet eerder bewust van bent geweest. Je begint het licht te vieren en jezelf te vieren: je talenten en je uniekheid.

Spoedig merk je dat je naar alle kanten licht uitzendt en niets of niemand kan je daarbij stoppen. Telkens wanneer je het gevoel hebt dat iets of iemand je licht belemmert, dan schijn je er dwars doorheen. Je blijft bij de gevoelens van onbehagen en gaat tegelijk door met schijnen. Op een dag, wanneer je blij in je eentje zit te schijnen, begin je te voelen dat er enige warmte op jou afkomt en besef je dat er zich een ander lichtje daar buiten in het duister van de ruimte bevindt. Jullie lichten versmelten en er wordt meer licht gevormd. Je bemerkt dat wanneer jullie versmelten er meer licht is dan ieder van jullie afzonderlijk had kunnen voortbrengen. Jullie voelen je meer en meer bekrachtigd en hebben meer vertrouwen dan ooit te voren. Uiteindelijk besef je dat het universum bestaat uit honderdduizenden kleine lichtjes, precies zoals jij, en je begint je uit te strekken om met hen allemaal samen te schijnen.

Er is niets dat je hoeft te doen of te zeggen. Je hoeft je alleen maar met de anderen te verenigen en de kracht en de vrijheid te gaan voelen die werkelijk samengaan teweegbrengt. Je merkt op dat de lichtstralen omhoog gaan stralen en dat er hoog boven je een energieveld wordt gevormd. Je merkt dat je nu stevig op de aarde staat, en de straling van al de kracht in de verenigde lichten begint zich samen te ballen in een plek hoog boven jouw wezen. Je blijft schijnen en je voelt de warmte van alle anderen.

Je stuurt licht omhoog naar dit krachtveld boven je en het licht wordt onmiddellijk naar beneden teruggezonden. Wanneer jij je licht omhoog zendt, ontvang je het licht terug van ieder ander wezen dat aan dit energieveld deelneemt. De energie bouwt zich meer en meer op en begint weldra over te vloeien. De nieuwe energie wordt naar anderen op aarde gezonden, en deze positieve energiestroom van licht begint de aarde en al haar bewoners te helen. De fontein van licht stroomt over in een gestage stroom waarbij het licht nooit eindigt. Elk klein lichtje is gelijk aan alle andere en is op zijn eentje erg klein, maar met alle andere verbonden en verenigd is het nieuwe energieveld van licht waarlijk buitengewoon groot.

Neem nog even de tijd om te genieten van het licht en de warmte die je hebt voortgebracht door het loslaten van angstige, beperkende gedachten, en verbind je met alle anderen, wetend dat het nieuwe energieveld door jullie allen is geschapen en door jullie allen wordt onderhouden, en dat door deze holografische ervaring de energie gevormd wordt die voor ware transformatie nodig is.

Er komt inderdaad licht naar de wereld wanneer we ons allemaal in onze uniekheid met elkaar verbinden, wanneer we ons allemaal in ons individuele licht met elkaar verbinden, wanneer we onderkennen dat we groter zijn dan onze individualiteit, wanneer we weten dat we een essentieel onderdeel van het geheel uitmaken, wanneer we begrijpen dat we hier allemaal om een bepaalde reden zijn, wanneer we onszelf als lichtdragers identificeren, wanneer we ermee beginnen te worden wie we werkelijk zijn, wanneer we bereid zijn onze verworvenheden en talenten met anderen te delen, wanneer we onszelf verwezenlijken. Dan worden we wie we werkelijk zijn, zowel ten behoeve van onszelf als ten behoeve van alle anderen, om zo de wereld te kunnen transformeren.

Epiloog – Reis naar de kristalwereld

Het begon met wat ik als visuele stoornissen beschouwde. Ik placht vreemde halo's om voorwerpen heen te zien. Ik las over absences, disharmonieën in de bloedsuikerspiegel en migraine. Toen ik deze stoornissen aan problemen met de bloedsuikerspiegel had toegeschreven, dronk ik sinaasappelsap wanneer ze optraden en ik voelde me binnen twintig minuten weer beter.

Op een avond toen ik in Parijs was, bezocht ik een bijeenkomst toen deze visuele stoornis weer optrad. Ik dronk meteen sinaasappelsap, maar dat hielp niet. Gelukkig woonde een vriend daar in de buurt en nadat hij me geholpen had met mijn angst over dit alles, kon ik diezelfde avond nog een lezing houden die afgesproken was. Toen gebeurde het op een avond terwijl ik zat te eten in het huis van een vriend. Deze keer was een heel deskundige healer aanwezig en hij verzekerde me dat er inderdaad iets gaande was, maar dat het niets te maken had met mijn fysieke lichaam. Die avond ging ik op een heel intense, persoonlijke, en desondanks prachtige reis, naar de kristalwereld.

Zoals je je misschien kunt voorstellen ben ik tijdens het schrijven van dit boek door de Engelen naar vele buitengewone plekken meegenomen. De meest recente ervaring vond vandaag plaats. Het was zo wonderschoon. Ik lag op bed, net voor ik de engelenbrief aan de lichtdragers schrijven zou (zie pag. 8). Ik voelde me vredig en kalm en ik had een van mijn paarse schilderijen zo neer gezet dat ik het kon zien. Zelfs mijn paarse mantel lag op het bed uitgespreid. Toen voelde ik dat de Engelen de kamer in kwamen.

Ze tilden zachtjes mijn geest uit mijn lichaam en weg waren we. Ze kwamen in de vorm van zeven heel heldere lichten. Er waren er drie aan mijn beide zijden en één achter me. We betraden de kristalwereld en daar waren enorm grote kristallen, zo groot als gebouwen. De kristallen hadden de kleuren van de chakra's, beginnend met de kleur rood. De kristallen waren gevat in een heldere kristallijne structuur. Er bevonden zich vele wezens rond elk kristal. De Engelen vormden een 'V' om me heen en leidden me door de eerste heen. De kristallen zelf waren allemaal hetzelfde gevormd, met een puntige top en vlakke bodem op een bed van kristallen. We gingen verder door alle kleuren van de chakra's. Deze kristallen waren geborgen in reusachtige heldere koepelgewelven en stonden allemaal in een rij, waarschijnlijk een paar huizenblokken in lengte. Toen we bij de laatste kwamen, was die een lieflijk violet, paars. We bleven enkele ogenblikken voor dit kristal staan. Ik zag al die andere wezens eromheen. Toen liepen we er naar binnen, maar dit keer niet erdoorheen. Geleidelijk gingen we erin naar boven, en ik wist dat ik naar de vijfde dimensie zou gaan. (Later kwam ik erachter dat ik naar de zevende dimensie was meegenomen!) Op dat moment raakte ik in een onbewuste toestand, niet in een slaap. Ik herinner me er niets meer van behalve dat het erg mooi was.

Ik kon zien dat sommige wezens bij bepaalde kristallen bleven en niet verder gingen, terwijl anderen door ze heen gingen. De geesten die hun lichaam verlaten hadden om hier te komen hadden een duidelijk te onderscheiden gele tint in hun licht. Ze werden omgeven door lichten die regenboogkleurig of helder waren, met een hogere trilling dan die van henzelf. Ik veronderstel dat dit de gidsen of engelen van deze persoon waren, die hem of haar gebracht hadden.

Na deze ervaring werd het me duidelijk dat de energie in mijn werkkamer sterker geworden was, en dat het moment naderde dat dit boek voltooid zou zijn. Ik kreeg het gevoel dat de Engelen er zeker van wilden zijn dat alles erin stond zoals ze dat wilden en dat bepaalde laatste stukjes informatie door mij niet over het hoofd zouden worden gezien. Ik werd wakker met een lange lijst onderwerpen die er nog ingevoegd moesten worden en ik werkte deze lijst af, ook al had ik er geen idee van hoe alles bij elkaar zou passen. Ik heb nooit van puzzels gehouden, dus natuurlijk, met goddelijke humor, kozen de Engelen mij voor dit werk uit!

Later besefte ik dat deze reis als initiatie in de kristalwereld diende. Eens toen ik me bijzonder beroerd voelde over het schrijven, ging ik naar bed met het gevoel dat me iets te doen stond. Mijn vriendin kwam de kamer binnen. We bespraken mijn gevoel dat ik iets meer moest schrijven over het stervensproces van mijn zoon. Dit leek me niet zo zinnig, omdat ik het gevoel had dat ik genoeg over hem had verteld. Toen wist ik plotsklaps intuïtief dat mijn zoon Marcus mij probeerde te vertellen dat de engel, ZAKARIA, dezelfde was als degene die zijn kamer binnen was gekomen op de dag voor hij zijn overgang maakte. Marcus sprak toen van een heel grote engel die de kamer vulde met licht en liefde. Hij maakte ook een tekening van ZAKARIA die hieronder wordt afgebeeld. Marcus liet me ook een tekening verstopt in zijn agenda na, van een klein stripfiguurtje op een heuvel dat uitkijkt over de oceaan. In het onderschrift staat: 'Je kunt beter hier genieten nu je hier bent, omdat er daar misschien geen hier is.' Zijn afscheids-'carpe diem'-boodschap is een grote inspiratie voor mijn leven geweest. Hoewel zij die overgaan hun eigen spirituele pad te volgen hebben, ben ik ervan overtuigd dat velen in staat zijn ons hier op aarde te dienen en te gidsen.

De Engel ZAKARIA (zoals hij aan Marcus verscheen)
(getekend op 19 juni 1981)

Nawoord

Toen ik dit boek voor de eerste maal visualiseerde was de titel die ik zag *Worden wie je werkelijk bent*. Ik weet nu dat dit niet alleen de titel van het boek is, het vertegenwoordigt ook het proces dat ik onderging terwijl ik dit boek schreef. Heel zachtjes ben ik geworden wie ik werkelijk ben, terwijl ik vriendelijk werd vastgehouden in de handen van Zeven Engelen en een prachtige ziel genaamd Marcus.

Informatie over engelen

1. Engelen zijn echt en bestaan werkelijk.

2. Engelen staan ons bij in deze werkelijkheid en in het geestelijk gebied.

3. Engelen werken rechtstreeks met mensen en zijn erg belangrijk voor de wereld.

4. Engelen hebben de missie om de gewaarwording van licht tot ons bewustzijn te brengen.

5. Engelen hebben gevoel en stellen in ieder van ons belang.

6. Engelen zijn geestelijke wezens die veel licht en liefde uitstralen naar de planeet aarde.

7. Engelen kunnen zich op elk moment wanneer dat nodig is in de fysieke wereld manifesteren.

Verklaring van termen

Authentieke actie: Wanneer we voor een beslissing staan, vragen we wat we moeten doen, wat onze rol of plaats is in dit moment. En dan luisteren we naar aanwijzingen vanuit onze innerlijke of hogere leiding. We doen datgene waarvan we weten dat het klopt, niet waarvan we denken dat het 'juist' is.

Derde dimensie: De stoffelijke wereld zoals we die kennen.

Eeuwige Tuin: Wanneer wij mensen een hogere bewustzijnstoestand bereiken, zullen we meer in de geestelijke gebieden vertoeven dan in de stoffelijke. Op dat moment zullen we een staat van liefde ervaren binnen onszelf en voor alle anderen, en wederom zullen we een plaats innemen waarin alles wat ons omgeeft ons innerlijk licht weerspiegelt. Deze ruimte bestaat simultaan met de derde dimensie, ofschoon we ons daar momenteel niet bewust van zijn.

Goddelijk Plan: Het algehele bestel dat het hele universum zoals wij dat kennen bestiert. Dit plan werd in gang gezet door de goddelijke schepping en wordt ten uitvoer gelegd door hen die in de wereld van de geest zijn. Dit is een reeds uitgezette koers voor de bestemming van de planeet aarde en de hele mensheid.

Hologram: Het idee dat elk deel het totale geheel bevat. Ieder van ons bevat de absolute kennis van de werking van het hele universum.

Lichtdragers: Een groep mensen die naar het aardse niveau gekomen is met de directe missie om licht, een uiting van liefdesenergie, naar de mensheid te brengen. Deze zielen werken samen met de wezens uit de hogere dimensies en met alle andere mensen die hetzelfde doel hebben, om zo het Goddelijk Plan op aarde ten uitvoer te brengen. Zij die het licht in zich dragen; zij die alles wat er in hen niet licht is afleggen opdat het 'blootgelegd' kan worden.

Lijnenpatroon: Over de stoffelijke dimensie ligt een aloud systeem van verbindende energiestralen. Dit ligt boven de aarde en behelst specifieke lokaties op aarde. Wanneer we deze plaatsen bezoeken, wordt ons licht helderder en wijzelf worden aangespoord om meer helend werk in de wereld te doen. Daarnaast is er een netwerksysteem dat gevormd is doordat de engelen licht in ons fysieke lichaam plaatsen. Dit kun je je ook voorstellen als de inplanting van kristallen in ons lichaam. Wanneer de wezens van de vierde dimensie een bepaald aantal hiervan in menselijke lichamen (merendeels healers) hebben geplaatst, zal het systeem geactiveerd worden en zullen we allemaal over de hele wereld met elkaar verbonden worden. Dan zal pure lichtenergie vanuit de hogere sferen naar beneden gezonden worden.

Nieuw Jeruzalem: Bijbelse verwijzing naar de stad waar de mensheid aan 'het einde der wereld' heen zal gaan. We zullen niet omhooggaan naar een andere plek zoals sommigen geloven. In plaats daarvan zal ons bewustzijn opgeheven worden en zullen andere dimensies zichtbaar worden. Dit is hetzelfde idee als wat hierboven is uitgelegd (zie de uitleg bij 'Eeuwige Tuin').

Oorspronkelijke zielepartners: In den beginne, in de kristalwereld, bestonden we in een toestand van heelheid en volkomenheid. Op een bepaald moment besloten we ons in twee delen te splitsen, een deel dat de essentie van het vrouwelijke en een deel dat de essentie van het mannelijke droeg. Toen vingen we onze reis door de andere sferen aan om ervaring te verwerven. We kunnen in deze aardse sfeer met onze oorspronkelijke partner herenigd worden of niet, ofschoon dit niet gebeuren zal eer we de mannelijke en vrouwelijke aspecten in onszelf in harmonie hebben gebracht.

Praktische spiritualiteit: Ons wordt nu gevraagd de stukjes spirituele kennis die door verscheidene goddelijke geesten op ons zijn overgebracht op te nemen en ons in te spannen om ze in praktijk te brengen in de 'concrete' wereld. Wanneer we spirituele kennis verwerven, dienen we onszelf voortdurend af te vragen hoe we die in ons alledaagse leven betekenis kunnen geven.

Realiteit: De wereld zoals die werkelijk bestaat. Datgene wat achter de illusoire wereld die ons ego gemaakt heeft, verscholen ligt. Waar de waarheid verblijft, houden oordelen op te bestaan en maakt licht baan voor de liefdesessentie die waarheid is.

Sterrepoort (stargate): Multidimensionele constructie of opening die de mogelijkheid tot communicatie en transport verschaft tussen twee of meer dimensies. Deze bestaan op aarde in de vorm van door mensenhand gemaakte, goddelijk geïnspireerde constructies; ze kunnen tevens op bepaalde stoffelijke krachtpunten op aarde gelokaliseerd worden, of het kunnen spontane openingen zijn die door goddelijke interventie worden verschaft. Deze openingen laten informatie of licht naar ons toestromen vanuit de hogere dimensies en geven ons de gelegenheid toegang tot deze dimensies te verkrijgen.

Vierde dimensie: Er bestaan zeven dimensies waarvan de engelen ons momenteel bewust laten worden. De vierde dimensie bestaat uit geestelijke wezens die het vermogen hebben rechtstreeks in te grijpen in het stoffelijke gebied. Voor ons ziet deze dimensie eruit alsof die uit puur licht bestaat en er wordt soms naar verwezen als de kristalwereld.

ZAKARIA: (uitgesproken Za Ka Rái A) Dit zijn de symbolen die de groepsenergie van de Zeven Engelen vertegenwoordigen welke transformatief van aard is. Elk symbool of letter vertegenwoordigt de trilling van één engel. ZAKARIA is de naam voor de Zeven Engelen die delen van dit boek geschreven hebben en die informatie naar ons zenden. Een definitie uit de *Metaphysical Bible Dictionary:* De betekenis is dezelfde als die van Zacharias en Zechariah, spiritueel bewustzijn (Jehovah is doorgedrongen, Jehovah is herinnerd, concentreren op Jehovah, herinnering aan Jah, Jah is hernieuwd), of de intrede van spirituele gedachten in het bewustzijn van de mens en een verheffen van spiritueel begrip.

Literatuur

Szekely, Edmond Bordeaux (vertaler en bewerker), *The Gospel of the Essenes*, derde boek van het *Essene Gospel of Peace*, C.W. Daniel Co. Ltd. Essex, England, (p. 182). Ook in de Amerikaanse editie: *The Essene Gospel of Peace*, boek drie, International Biogenic Society, 1981, (p. 77).
Williams, Margery, *The Velveteen Rabbit*, Doubleday & Company. Garden City, New York, (p. 17).